入れて煮るだけ！
ハンズオフカレー入門

スパイス
カレー
新手法

水野仁輔
JINSUKE
MIZUNO

Hands up, カレーを作るのは誰？

　みなさん、こんにちは。今日は、お忙しいところ、足を運んでいただき、ありがとうございます。これからスパイスを使ったカレーの授業を始めます。初公開の内容だから、もしかしたら今日が記念すべき日になるかもしれません。

　どんな授業だと思いますか？ 世界一やさしいスパイスカレーの作り方です。世界一おいしいスパイスカレーの作り方と言っていいかもしれません。あ、いや、さすがに言いすぎました。おいしいかどうかを決めるのはみなさんですが、それくらい僕自身は興奮しているんです。講師が興奮してちゃいけませんね。落ち着かなくちゃ。

　画期的な手法を編み出してしまいました。（ざわざわ）
　どんなふうに新しいのかをひと言で表現します。準備はいいですか？
　すー、はー。（深呼吸）

「カレー調理にもう技術は要らない」
「おおお〜!」（どよめき）

　低いどよめきが生まれましたね。僕はこの手法で作るカレーを「ハンズオフカレー」と名付けることにしました。"ハンズをオフする"わけですから、何も触らずにおいしいスパイスカレーができあがるということです。触らないけれど加熱はする。要するに煮るんです。煮るだけでカレーができあがる。このところ、煮込むことのすばらしさとずっと向き合ってきました。

フランスの哲学者、パスカルは、こう言ったそうです。

「人間の偉大さは、考える力にある」

　日本のカレー探求者、水野仁輔は、今ならこう言います。

「カレーの偉大さは、煮込む力にある」

　ハンズオフカレーとは何なんだ？ ハンズオフカレーを通して、スパイスカレーのおいしさは？ いったいどうやって？ ……みたいなことを今日はたっぷりお話しできればと思います。授業が終われば、スパイスを使ってあなた自身がいとも簡単においしいカレーを作れるようになるんです。お楽しみに。

CONTENTS

140 **CHAPTER 5**

ハンズオフカレーのテクニック

本書の使い方

●大さじ1は15ml、小さじ1は5ml、1カップは200mlです。●材料の分量は、レシピごとに表示しています。●フライパン（鍋）は厚手のものを使用してください。フッ素樹脂加工のものがおすすめです。本書では、直径24cmのフライパンを使用しています。鍋の大きさや材質によって熱の伝わり方や水分の蒸発の仕方などに差が出ます。●塩は自然塩を使用しています。粗塩の場合、計量スプーンですり切りを量っても塩分濃度が足りない可能性があります。その場合は、最後に味を調整してください。●火加減の目安は、強火が「鍋底に炎が勢いよくあたる程度」、中火が「鍋底に炎がちょうど届く程度」、弱火が「鍋底に炎がギリギリあたらない程度」です。●ふたは、フライパン（鍋）のサイズにピッタリ合ったもの、できるだけ密閉できるものを使用してください。●完成写真は、1〜2人分を盛り付けています。

もう、技術は要らない！

　まず、ハンズオフカレーの特徴を伝えます。新手法だから、作り方が特別なんです。
いいですか？

　　作り方の1番：材料をすべて鍋に入れる。
　　作り方の2番：ふたをして煮る。

　以上なんですね。
　「え!?!?」(驚きと戸惑い)

　これでおいしいカレーができるんです。どんな味になると思いますか？

●シンプルな材料で
●香り高く
●うま味もしっかりある
●あっさりしていて素材の味わいを感じやすい
●毎日でも食べられる (ま、毎日食べたいかどうかは別として)
●ごはんによく合う

　しかも、これ、技術が要らないんですよ。
　長い間、僕はカレーをおいしくするための技術（テクニック）を徹底的に追求してきた

んです。その僕が「技術は要らない」というところにたどり着いた。そんなことがあるんだな、と自分自身でも驚いています。何ていうのかな、たとえば、"おしゃれ"を求めてあらゆるファッションを実践してきた人が無地の白シャツにたどり着く、みたいなね。「結局これがいちばんいいんだよな」っていう。ちょっとかっこつけすぎたかな。

技術が要らないということは、誰にでも作れます。

誰が作っても同じクオリティで完成する。すなわち、僕が作っても、みなさんが作っても仕上がりは同じ味になるんです。

ということは、このハンズオフカレーがいいのは、すべての人に平等だということです。「知識や経験に裏打ちされた……」みたいなことがない。ありとあらゆるテクニックを探求している僕と公園で走り回って遊んでいる小学生が同じ味にたどり着ける。僕はちょっと悔しいですけれどね。仕方がない。

だから、技術の代わりに大事なのは設計（レシピ）と調整（チューニング）。音楽でいえば、作曲（譜面）と調律。レシピの設計は僕がすでに済ませてあります。みなさんは、まずはレシピ通りにキッチリと計量して、準備して、作ってみてください。がんばるのはみなさんではなく、道具なんです。だから、作るときに自分が使う道具（鍋と熱源）に合わせた調整をしてもらうだけ。

ただね、必要な手間と時間はかけましょう。必要な手間と時間は、かけたらかけただけおいしくなるのがスパイスカレーです。

では、みなさんにとって生まれてはじめてとなるハンズオフカレーに挑戦してみましょうか。

カレーを作る者は木ベラやゴムベラ
を捨て、鍋のふたを持つべきだ。
……なあんてね。

水野仁輔

A scientific man ought to have no wishes,
no affections, – a mere heart of stone.
Charles Darwin

CHAPTER 1

はじめての
ハンズオフ
カレー

基本のチキンカレー

想像してみましょう。

　このチキンカレーはどんな味がすると思いますか？ 僕が見た目でカレーの味わいを想像するときに、ポイントとしている点がいくつかあります。まずは全体的なカレーの色味。オレンジがかった茶色をしています。安心感がある。次にカレーソースの表情は？ 表面部分を見ると油脂分がほんの少しだけ分離しながらも、全体的にはなめらかさが感じられます。おいしそう。具の状態は、鶏肉がプリッとしている一方で大きめに切った玉ねぎはとろり。パウダースパイスの粉っぽさは皆無で、ホールスパイスはふっくらとして存在感があります。

　うん、香り立ってくる感じで、おいしそうですね。合格です。

　さらに想像してみましょう。

　このチキンカレーには、できあがるまでにどんな物語があるのか、を。想像するのは自由ですからね。玉ねぎを2時間かけてあめ色になるまで炒めたかもしれないし、丸1日かけて煮込んだかもしれない。何でもありです。でも、実際には何の物語もないんです。材料を鍋に入れてふたをして煮ただけですから。

　ハンズオフカレーの場合、できあがった後に物語が始まります。だって、日本全国どの家庭でも、作る人の技術を問わずこのチキンカレーは食卓に登場する可能性があるんですから。小学生がカレー店を始めちゃうかもしれません。夢がありますね。

実際に作ってみましょう。

　これから鍋の中でハンズオフカレー劇場が始まるんだとイメージしてください。役者をそろえなければなりません。役柄に応じて役割があります。説明しながら鍋に順に入れていきますね。

　材料表（P16）を見てください。その上から順に鍋に入れていきます。

　まずは、**油**。

　油は鍋中の温度を上げる役割です。スパイスの香りを定着させるのにも活躍します。普通のカレーなら素材を炒めるのにも役立ちますが、ハンズオフカレーでは炒めるプロセスがありません。

　続いて、**ホールスパイス**。

　丸のままのスパイスの香りはゆっくり時間をかけて抽出されます。

　続いて、**玉ねぎ**と**にんにく**、**しょうが**。カレーのベースとなる風味を生み出します。ハンズオフカレーの玉ねぎは色づいたり溶けたりするわけではないから、そのものが具としても楽しめます。

　ま、こうやって順番に入れてますが、これ、炒めるわけじゃないんでね、そんなに順番に神経質になる必要はあるのか？って話ですが。まだ火がついていな

いけれど、気持ちとしては「今この鍋の中では炒められているんだ」なんて想像しているんです。「ああ、玉ねぎがパチパチしていい音がしてきたなぁ」みたいなね。実際の鍋の中は、ほら、この通り。静かなもんなんですけどね。

　続いて、**トマトピューレ**。

　ソースに溶け出してうま味の素となります。

　続いて、**パウダースパイス**。

　カレーの中心となる香りを作ります。そのカレーの正体を決める大事なアイテム。またソースにとろみを作る役割もあるので、ハンズオフカレーの場合、粉状のスパイスは気持ち多めに入れるのがコツです。スパイスは他のすべての素材を引き立てる名脇役です。

　続いて、**塩**。

　味の決め手。このカレーの主役は鶏肉ですが、実は、舞台の中心にいる鶏肉も塩のおかげで映えるんですね。

　今、炒めているんですよ、僕は。火はついてませんけれども！炒めているつもりで木べらで鍋中を平らにちょっとならしたりしてね。

材料を入れて煮るだけです。

続いて、**水**と**ココナッツミルク**。

煮るのに大事な水分。ただの水だけならさっぱりした味わいになりますが、ココナッツミルクが入ると濃厚なうま味が加わります。実は、玉ねぎや鶏肉にも水分が含まれていて、加熱されると外に出始めるため、ここで加える水分量は思っているよりも少なめで大丈夫。たくさん入れすぎると薄いスープカレーみたいになってしまいますから要注意です。

続いて、**鶏もも肉**。

主役ですね。中心までしっかりと火を入れること。うま味がソースに出る上に具として楽しめます。

最後に、**パクチー**。

仕上げの香りです。仕上げと言っても最初から鍋に入っているのがハンズオフカレーの特徴。そういう点では、煮ている間にパクチーの香りは鍋中全体に広がります。パクチー自体のフレッシュな香りが適度に軽減される分、カレー全体の香りは深まります。

さあ、役者はそろいました。

煮込み前／1,100g

　はい、ふたをする前にハンズオフカレーの鍋中をいったんみんなでのぞいておきましょうか。ひどい状態ですよ。材料が全部、鍋中に入っているだけ。20年以上カレーを作り続けてきた人間がすることじゃありません。料理を知らない小学生がはじめてカレーを作ったって、こんなブザマな鍋中にはなりませんよ。「なめんなよ！」と怒る人も出てきそう。でも、とにかく、これでいいんです。これでおいしくなるのがハンズオフカレーですから。

　ハンズオフカレーにも実はいろんな手法がありますが、今回は、最もシンプルな、何にもしないパターンでやります。ふたをして弱火で45分くらい、煮ましょうか。キッチンタイマーをセットして、後は何もやることがありません。45分間、休憩にしましょうか。

　いや、さすがにそれじゃもったいないかな。このまま隣のコンロでゴールデンルールにのっとった、「炒めてから煮る」の手法で作るチキンカレーを作ってみたいと思います。ほら、こうやってハンズオフカレーのことをいったん忘れて別の作業ができるのがすごいですね。

【材料】4人分

植物油 ……………………… 大さじ3強(40g)

ホールスパイス
  ●グリーンカルダモン ………………… 4粒
  ●シナモン ……………………………… ½本
  ●クローブ ……………………………… 6粒

玉ねぎ(くし形切り) …………… 中1個(250g)

にんにく(すりおろし) …………… 2片(10g)

しょうが(すりおろし)………… 大1片(30g)

トマトピューレ ………………… 大さじ3(45g)

パウダースパイス
  ●コリアンダー ………………… 小さじ3強
  ●クミン ………………………… 小さじ3
  ●パプリカ ……………………… 小さじ1
  ●ターメリック ………………… 小さじ1

塩 ………………………… 小さじ1と½(8g)

水 …………………………………… 150mℓ

ココナッツミルク …………………… 100mℓ

鶏もも肉(ひと口大に切る) ………… 400g

パクチー(あれば・ざく切り) ………… ½カップ

【作り方】
材料を上から順にすべて鍋の中に入れ、ふたを
して弱めの中火で45分ほど煮る。

完成／**840g**

カレーの常識と新常識

とにかく、炒めたり煮たりしてカレーはできあがるわけです。

炒めているときと煮ているときは、どんなことが起こっているんでしょうか？ 何を目的にしているんでしょうか？

炒める … "凝縮"と"焙煎"　調理の前半　強気で ⇒ **重い味**

煮る … "浸透"と"調和"　調理の後半　弱気で ⇒ **深い味**

火やIHクッキングヒーターなどの熱源を使って鍋を温め、その中にある食材を加熱するという点で、2つは同じです。でも、それによって食材やスパイスに与える影響はだいぶ違うんですね。真逆と言っていいかもしれません。

「炒める」の方はハードな作業です。加熱して脱水し、蒸気を逃がして味を凝縮させていく。同時に炒め方によっては、焙煎によって表面がこんがりと色づいていく。すると**メイラード反応**という反応が起こって、**うま味が増加**するんです。特にカレー作りで前半に炒めるのは、土台となる味わいを濃くしていく作業だと思ってください。

一方で「煮る」の方はソフトな作業です。加熱して脱水するのは同じですが、食材の中にあった水分を抜いても出た先の鍋中に別の水分が存在します。そこでさまざまな味わいが**渾然一体**となったり、食材の中に戻っていったり（浸透）して、全体がバランスよくまとまっていく（調和）んですね。カレー作りで後半に煮るのは、**味わいを深める**作業と言っていいと思います。

そんな性格の違いがあるため、僕は、「強気で炒め、弱気で煮る」のをオススメしてきました。でも、**ハンズオフカレーでは、炒めるプロセスが消えた**。僕の中から強い気持ちがなくなったんです。ひたすら弱気でやさしい自分になった。じゃあ、カレーはおいしくなくなっちゃうのかというと、そんなことはありません。

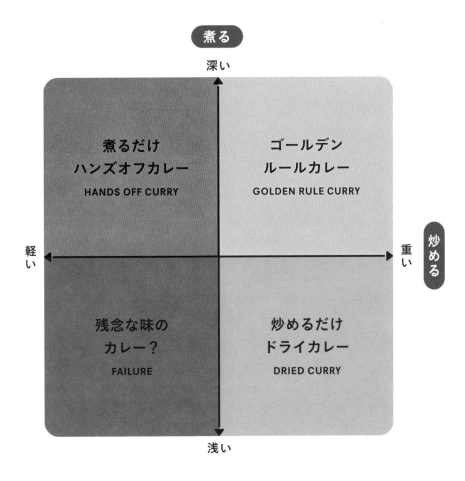

従来の炒めて煮るカレーは、重くて深い味が生まれました。

新しい、煮るだけのハンズオフカレーは、軽くて深い味になります。

軽くて浅い味では、おいしいとは言えません。重いけど浅い味というのはイメージが付きにくいかもしれませんが、パンチ力はあるけれど食べている途中に飽きそうなカレーという印象があります。

最近、支持されるカレーの味わいが変わりつつある。おそらく、重い味というものが受け入れられにくくなっているんだと思います。そう感じる機会は本当に増えました。

さっぱりしているのにどこか後を引く味。何度でも食べたくなる味。ひと口目からガツンとうまい衝撃はないのだけれど、口の中にずっとおいしかった余韻が残る味。そういうものが今、カレーに求められているのかもしれません。だから、もしかしたらゴールデンルールのカレーにハンズオフカレーが勝っちゃうみたいなことが起こるんじゃないかと思います。

ゴールデンルールの解説

もう一度、言います。技術が必要で忙しい「炒める」と、誰にでもできて自由な「煮る」。

目の前には2つの鍋がありますね。片方がハンズオフカレー、もう片方がゴールデンルールのカレー。話をしながら二刀流で調理を進めています。二刀流って言ったって**ハンズオフカレーの方は何もしない**わけですから刀は1本しか持っていないのと同じようなものです。

その振り回している方の刀は、ゴールデンルールの前半、「炒める」プロセスを進めていくのに大忙し。でも鍋と向き合う4番までが終わってこれから「煮る」が始まりますから、暇になります。ちょっと休戦。おしゃべりします。ゴールデンルールについて解説しておきましょう。

鍋の中に材料を順に加えて加熱していくとカレーがおいしくできる。それは、加えるものによって役割があるからです。その役割を果たしながら調理が進むから順序が大事になる。どんな役割なのか、それをどんな材料が担うのか、を整理したものがゴールデンルールです。

前半の1〜4で炒めて、後半の5〜7で煮る。この手順だとおいしくカレーができあがるんです。香りを担うのが「1・4・7」、味を担うのが「2・3・5・6」。だから、**香りと味を交互に重ねていく**のがコツなんですね。

GOLDEN RULE

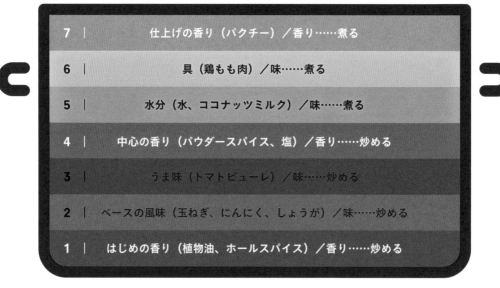

7	仕上げの香り（パクチー）／香り……煮る
6	具（鶏もも肉）／味……煮る
5	水分（水、ココナッツミルク）／味……煮る
4	中心の香り（パウダースパイス、塩）／香り……炒める
3	うま味（トマトピューレ）／味……炒める
2	ベースの風味（玉ねぎ、にんにく、しょうが）／味……炒める
1	はじめの香り（植物油、ホールスパイス）／香り……炒める

そこで、**本命のハンズオフカレーの話**に戻りましょう。さきほど鍋に材料表の上から順に材料を重ねていきました。これ、ゴールデンルールの順番にのっとっていたんですね。「ハンズオフなんだから、炒めるわけじゃないんだから、順番はどうでもいいじゃないか」と思うかもしれません。が、そうでもないんです。鍋は基本的に底から熱が伝わっていきます。途中から鍋肌（側面）部分も温まるし、ふたをしているから圧力が適度にかかってやがて鍋中全体が同じ温度で加熱されていくことになりますが、それでも鍋底に当たっている部分に最も火が入る原理は同じです。

さらに、圧力鍋や炊飯器で調理するのと違って、煮込みの最中に鍋中の材料が躍ったり回ったり浮遊したりする可能性が低いから、割と重ねた位置からそれほど動かずにカレーが完成します。とはいえ、ハンズオフカレーを作るためにゴールデンルールを頭に入れなきゃいけないなんて、ちょっと面倒ですよね。トリセツのトリセツを読むみたいでどろっこしい。だから、ハンズオフカレーでも鍋に材料を加えるときは、**「加熱したい順に下から重ねていく」**とざっくり意識しておきましょう。

重ね煮するときのポイントをいくつか伝えておきます。参考までに。

Q1. 重いモノを上にする？
　　　下にする？

A1. 上にしましょう。

え？逆じゃないの？と思うかもしれません。でも、材料の重み（重力）を使うことで他の材料も圧縮し、水分を出しやすくすることができます。すると、すべての材料のうま味が渾然一体となって煮込まれます。

Q2. 水分を多く含むモノは
　　　上にする？下にする？

A2. 下にしましょう。

材料から水分が抜ける（脱水）と、そのうま味が抽出されて、加熱（煮込み）によって融合したり新しい味わいが生まれたりします。材料に含まれた水分は早めに外に出したいんです。だから加熱がはかどるように下にしましょう。

Q3. 液状のモノは
　　　上にする？下にする？

A3. 上にしましょう。

だって勝手に下に落ちていきますから。材料の入った鍋の中に水を注ぐとどうなりますか？ご想像の通り。材料と材料の間をすり抜けて鍋底まで落ちていきます。水はすぐに落ちますが、トマトピューレやココナッツミルクはとろみがありますから、少し時間をかけて落ちます。その間に下にある材料を先に加熱することができます。

Q4. 香りの強いモノは
　　　上にする？下にする？

A4. 真ん中にしましょう。

香りは鍋中全体にまんべんなく浸透させたい。だから、材料と材料ではさむようにして真ん中に置くといいですね。材料にまぶしたり、鍋中のあらゆる個所に忍ばせたりできればもっと理想的です。

ハンズオフで作るカレー

材料を加熱したい順に鍋に入れました。火にかけたら完成まで何もすることはありません。触らない。あなたのテクニックは必要ない。ちょっと寂しい、ですか？

4
___
20分

ふたをしたまま煮る。

1
___
0分

鍋に材料をすべて入れ、ふたをして火にかける。

5
___
22分

ふたをしたまま煮る。

2
___
15分

ふたをしたまま煮る。

6
___
24分

ふたをしたまま煮る。

3
___
18分

ふたをしたまま煮る。

7
___
45分

火を止めて、ふたを開ける。

ゴールデンルールで作るカレー

はじめに準備する鍋は、当たり前の
ことですが、空っぽです。油を加え
て火にかけたら、触りまくる。そう、
すべてのプロセスにやるべきことが
ありますから。

4
20分

パウダースパイスと塩
を加えて混ぜ合わせ、
弱火で1〜2分ほど炒
める。

1
0分

鍋に油とホールスパイ
スを中火で熱し、カル
ダモンがふくらんでく
るまで炒める。

5
22分

水を注いで強火にして
グツグツするまで煮立
て、ココナッツミルク
を加えて混ぜる。

2
15分

玉ねぎを加えてくたっ
とするまで炒め、にん
にくとしょうがを加え
てさらに炒める。

6
24分

鶏肉を加えてざっと混
ぜ合わせ、ふたをして
弱火で20分ほど煮込
む。

3
18分

トマトピューレを加え
て水分を飛ばすように
炒める。全体がねっと
りしてくるまで。

7
45分

ふたを開けてパクチー
を加えて混ぜ合わせ、
さっと煮て、必要なら
塩で味を調える。

カレーをおいしくすることができた
のは、鍋と熱源に任せていたからだ。
……なあんてね。

水野仁輔

If I have seen further it is by standing
on the shoulders of giants.

Isaac Newton

CHAPTER 2

ハンズオフカレー 基本編

基本のビーフカレー

ハンズオフカレーの中で最長煮込み時間を誇る一品。
牛肉がやわらかくなり、肉の味わいがソースにしっか
りと出て深みのあるおいしさを味わえる。

【材料】4人分

植物油	大さじ3
玉ねぎ(3cm角に切る)	小1個(200g)
にんにく(すりおろし)	1片
しょうが(すりおろし)	1片
アーモンドプードル(あれば)	10g

パウダースパイス／
ノスタルジックミックス(P56参照)

●クミン	小さじ4
●フェヌグリーク	小さじ1と½
●ターメリック	小さじ1と½
●ブラックペッパー	小さじ1
塩	小さじ½
濃い口しょう油	大さじ1
牛ばら肉(大きめのひと口大に切る)	500g
水	500mℓ
ガラムマサラ(あれば)	小さじ½

【作り方】
材料を上から順にすべて鍋の中に入れ、ふたをして弱めの中火で15分ほど煮て、弱火にしてさらに75分ほど煮る。

5

煮込み前／**1,280g**

6

煮立った時間／**15分**

7

完成／**861g**

基本のキーマカレー

挽き肉のカレーは短時間で火が通り、うま味が出やすい。豚挽き肉は特に甘みが強いため、レッドチリの辛味が加わるとバランスが取れる。

【材料】4人分

植物油 ……………………………… 大さじ3

ホールスパイス(あれば)

　●レッドチリ ……………………… 3本

　●ブラックペッパー ……………… 小さじ½

玉ねぎ(スライス) ……………… 1個(250g)

にんにく(すりおろし) ………………… 1片

しょうが(すりおろし) ………………… 1片

ししとう(小口切り) …………………… 10本

トマト(ざく切り) ……………… 1個(200g)

プレーンヨーグルト ……………………… 100g

パウダースパイス／ロジカルミックス(P56参照)

　●クミン ……………………………… 小さじ3

　●カルダモン ……………………… 小さじ2

　●パプリカ ……………………… 小さじ1と½

　●ターメリック ………………… 小さじ1と½

塩 ……………………………………… 小さじ1強

豚挽き肉 …………………………………… 400g

グリーンピース(水煮) …………… 2缶(110g)

ミント(ざく切り) ………………………… 適量

【作り方】

材料を上から順にすべて鍋の中に入れ、ふたをして弱めの中火で30分ほど煮る。

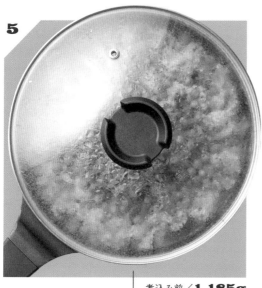

煮込み前／**1,185g**

煮立った時間／**14分**

完成／**880g**

基本のベジタブルカレー

野菜だけのどこまでも軽い味わいのカレーも捨てがた
いけれど、乳製品や煮干しのだしなどは野菜との相性
がよく、つい使いたくなってしまう。

【材料】4人分

ギー（またはバター）……………………… 30g

ホールスパイス（あれば）
- ●クミン ………………………… 小さじ½
- ●フェンネル ……………………… 小さじ½

玉ねぎ（くし形切り）……………… ½個分（125g）

にんにく（すりおろし）………………… 1片

しょうが（すりおろし）………………… 1片

トマトピューレ ………………………… 大さじ4

パウダースパイス／
オーディナリーミックス（P57参照）
- ●コリアンダー …………………… 小さじ4
- ●パプリカ ………………………… 小さじ2
- ●ターメリック ………………… 小さじ1と½
- ●レッドチリ ……………………… 小さじ½

煮干し（頭とワタを取る）……… 少々（1～2g）

塩……………………………………… 小さじ1強

水……………………………………… 300mℓ

生クリーム ………………………… 100mℓ

じゃがいも（2cm角に切る）……… 大1個（300g）

にんじん（1cm角に切る）…………… ½本（100g）

ししとう（小口切り）……………… 10本（30g）

カスリメティ（あれば）………………… 少々

【作り方】
材料を上から順にすべて鍋の中に入れ、ふたをして弱めの中火で40分ほど煮る。

5

煮込み前／**1,078g**

6

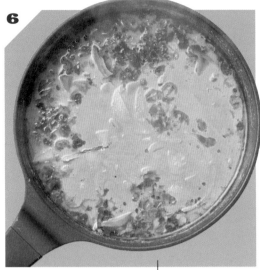

煮立った時間／**12分**

7

完成／**842g**

基本のフィッシュカレー

ソースとしてはタイのレッドカレーをイメージしたひ
と皿。野菜との組み合わせも相性よしだが、ここはあ
えてストイックに青魚のみで。

【材料】4人分

植物油 …………………………… 大さじ3
玉ねぎ（すりおろし）……………… 小¼個
にんにく（すりおろし）………………… 2片
しょうが（すりおろし）………………… 2片
レモングラス（あれば・叩きつぶす）……… 1本
パウダースパイス／
　オーディナリーミックス（P57参照）
　● コリアンダー ………………… 小さじ4
　● パプリカ ……………………… 小さじ2
　● ターメリック ………………… 小さじ1と½
　● レッドチリ …………………… 小さじ½

ナンプラー ……………………… 大さじ1と½
マーマレード …………………… 大さじ1弱
ぶり（ひと口大に切る）………………… 400g
水 ………………………………… 150mℓ
ココナッツミルク ………………… 200mℓ
こぶみかんの葉 …………………… 3〜4枚

【作り方】
材料を上から順にすべて鍋の中に入れ、ふたをして弱めの中火で15分ほど煮る。

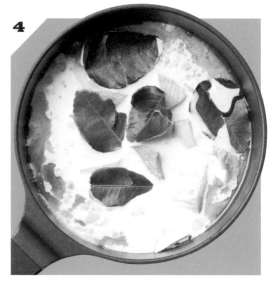

5

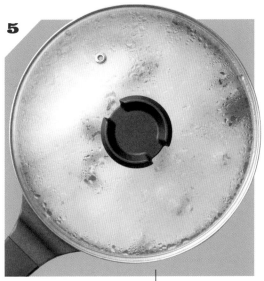

煮込み前／**942g**

6

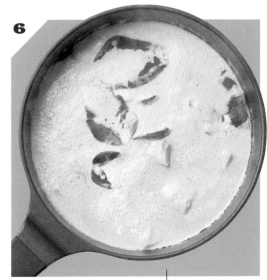

煮立った時間／**9**分

7

完成／**898g**

基本の豆カレー

インドで定番の豆料理、ダールタドゥカは、煮るだけ
で充分おいしくなるのにな、と思いながらこれまで炒
めていた。が、ここで本領発揮。

【材料】4人分

植物油 ································· 大さじ 3
ホールスパイス（あれば）
　●レッドチリ ······················ 2 本
　●コリアンダー ················ 小さじ 1 強
にんにく（みじん切り）··············· 1 片
しょうが（みじん切り）··············· 1 片
フライドオニオン ·········· 大さじ 4（25g）
トマト（ざく切り）···················· 100g
パウダースパイス／
　スタンダードミックス（P56参照）
　●コリアンダー ················ 小さじ 3
　●クミン ························ 小さじ 3
　●パプリカ ······················ 小さじ 1
　●ターメリック ················ 小さじ 1

塩 ··································· 小さじ 1 強
ムングダル ················ ½ カップ強（120g）
水 ································· 700㎖
パクチー（みじん切り）·················· 適量

【下準備】
ムングダルはたっぷりの水に 1 時間ほど浸し、
ざっと洗ってざるにあげておく。浸水後の重さ：
200gが目安。

【作り方】
材料を上から順にすべて鍋の中に入れ、ふたをし
て弱めの中火で15分ほど煮て、ふたを取って弱
火にして30分ほど煮る。

5

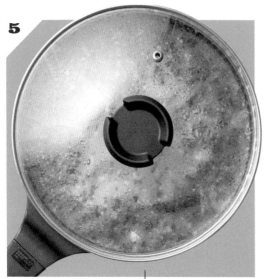

煮込み前／**1,113g**

6

煮立った時間／**15分**

7

完成／**896g**

基本のハンズオフカレーを
成功へ導くために

　煮込みが完了し、ふたを開けるときにワクワクするのがハンズオフカレー。でも同時にちょっとドキドキするのもハンズオフカレーの特徴です。ワクワクはしたいけれど、ドキドキはしたくないですよね？ そのために2つのことを実行しましょう。

　まず煮込み途中にときどき鍋を揺らしてください。水平方向に小さく振動させるようなイメージ。すると、鍋底に沈んでいる食材が動き、水分が間に流れ込みます。気が向いたら揺らす程度で大丈夫。これだけで焦げ付きの心配がかなり減ります。

　次に煮込み後にふたを開けたら水分量（カレーソースの量）を確認してください。とろみが強すぎるようであれば分量外の水を足して少し煮る。とろみが足りないようであれば、水を加えずにそのまま煮詰める。最後に塩で味を調整します。

　ハンズオフだから「煮るだけ」とはいえ、基本にもコツがあるんです。何だか煙に巻くような言い方ですけれどね。後はカレーごとにもう少し具体的なポイントも伝えておきましょう。

「基本のビーフカレー」のコツ

「煮込み途中の鍋揺らし」と「煮込み後のとろみ調整」を重点的にやりましょう。煮込み時間が長いため、鍋や火加減による差が出やすいカレーです。

「基本のキーマカレー」のコツ

煮込み完了後に挽き肉どうしがくっついてミニハンバーグのようになる場合があります。不均一な食感が楽しめるよう、適度にほぐしましょう。

「基本のベジタブルカレー」のコツ

じゃがいものとろみを強めるために男爵いもを選ぶのがオススメ。メークイーンなどの場合、盛り付ける前に少しじゃがいもをつぶすとよいでしょう。

「基本のフィッシュカレー」のコツ

ココナッツミルクが鍋中でブクブクと煮立ちすぎてとろみが強くなりそうな場合は、煮込みの後半で火を少し弱めにするか、水でとろみを調整しましょう。

「基本の豆カレー」のコツ

準備した豆の質や浸水状態によって、焦げ付きやすくなる場合があります。ふたを取ってからの煮込みでは、鍋を揺らしたり、かき混ぜたりしましょう。

Hands off, 火をともしたのは誰？

　目の前にいるおじさんが、大釜の前でずっと同じ動きをしている。

　カシャコン、カシャコン、カシャコン。巨大なヘラを持った彼が大胆に動くたびに釜はリズムを刻む。僕はじっとその姿を見つめている。たき火の揺れる炎を前にしているときのように、すっかり引き込まれてしまった。インド・オールドデリーの街角に立ち、店頭で早朝から行われる仕込みを取材したときの話だ。

　ニハリというムスリムの煮込み料理を探るためにパキスタンとインドへ出かけた。玉ねぎや水牛の肉を骨もろとも鍋に放り込み、6時間もの間、スパイスを使ってオイル煮をする。その後、釜のふたはきっちりと閉じられ、炭火の余熱で6時間、さらに煮込まれる。とろりと仕上がったそのカレーのような料理をパンにつけて食べた。シンプルな材料と釣り合わない深い味が口内から胃袋へと駆け抜けた。

　おじさんは、凄腕のシェフだった。僕の見学した6時間、彼が懸命に動いたのは煮込みの準備をするためである。僕が見学できなかった6時間、彼の代わりに釜が懸命に働き、煮込みの本番を担当した。夕方になってニハリは完成し、閉じていた店のシャッターが開かれると、まもなく店頭はお客でごった返した。500食が1時間で完売。これが日課だと聞いて、溜息とともに妙なうなり声が出た。

　帰国した後も僕の頭の中で「カシャコン、カシャコン、カシャコン」が鳴り止まない。

　それまでの僕はと言えば、煮込むというプロセスについて、あまり深く考えてこなかった。「そこに技術は介在しないのだから」と軽視していた煮込みについて、まさか真剣に考える羽目になるなんて。デリーの街角のおじさんシェフが、僕の心に煮込みの火をともしたのである。煮込むとはなんだろう。それからというもの、煮込みについて考え続けた。

　日本のカレーは、長い間、煮込み料理

のイメージが強かった。肉や野菜を煮込んでルウを混ぜれば、魔法のようにカレーが現れる。ずっと愛されている。そんな調理方法に僕はちょっとだけ反旗をひるがえし、炒めることを重視した。前半で炒めることで後半の煮込みが生きてくる。スパイスを手に「カレーは煮込み料理じゃない。炒め煮料理だ」と確信を持ったつもりだった。それなのに、インド・オールドデリーで体験した現実は、まるで違ったのだ。煮込むだけであんなにもおいしくなってしまうんだよな。

だったらさ、だったらですよ！炒めるなんてプロセスはやめてしまえばいいんじゃないか。小学生みたいに口をとんがらせる（本当は47歳なのにみっともない）。最初っから最後まで煮込み続けるだけでスパイスカレーもおいしくなるはずだ。半信半疑で挑戦してみると、確かにうまい。なぜだろう。カシャコンのおじさんが憑依したわけじゃあるまいし。自分にともった火は今や大きな炎となっている。ユラユラと揺れながら、この先、誰かを夢中にしてくれたらいいなぁと思う。

カレーとは自転車のようなものだ。
倒れないようにするには煮込まなけ
ればならない。……なあんてね。

水野仁輔

Life is like riding a bicycle. To keep your
balance you must keep moving.

Albert Einstein

CHAPTER 3

スパイス
ブレンド
新手法

スパイスブレンドの新手法

大事なのはスパイスのブレンド

ハンズオフカレーに技術は要らない。

大胆不敵なことを僕は言いました。誰が作っても同じ味になるんだ、とも言いました。それなら道具と食材をそろえたらおしまい？ みなさんにとってはそうなります。でも僕にはその手前にやっておかなければいけないことがある。

スパイスのブレンドです。配合、調合。

ハンズオフカレーは確かにとっても便利な手法ではあるけれど、冷蔵庫に余っている食材を手当たり次第に鍋に突っ込んだらおいしくなるというわけではないんです。手を触れないが、鍋の中では"いい仕事"をしてもらわなければならない。**調理時に技術が要らない代わりにレシピ制作の実力が試されるんですね。**

仮にあなたが社長なら、海外でバカンスを楽しんでいる間に国内にいる社員にせっせと働いてもらうんです。遠隔操作で。あんまりいいたとえじゃないな。でも、そういうことです。あなたの代わりに現場を仕切ってくれる優秀な社員が必要ですね。ハンズオフカレーでいえば、それは、スパイスです。

鍋の中でスパイスが八面六臂の大活躍。加熱で香りを出し、油脂分を見つけて自らを融合し、食材たちの風味を引き立ててくれるんです。

自分で手を動かす従来のカレーと比較したら、スパイスのブレンドの重要性は極めて高いと言っていいと思います。

では、何を選んでどうブレンドしたらいいのかをお話しします。

スパイスのキャラクターを知る

みなさんは、それぞれのスパイスの香りをどうとらえていますか？ ここ、結構大切です。かつて僕は、何かの機会に「クミンは昔の恋人のようだ」と発言したことがあります。「わかる〜!!」といった具合で予想以上の反響だったんですね。驚きました。それで調子に乗って「チリは高嶺の花」だの「クローブは気難しい教授」だのと表現したこともあります。

でも、一方で、「全然わかんない」という人もいたはずだし、「私の昔の恋人はクミンじゃなくてカルダモンでした」という人もいたと思います。スパイスを擬人化したり身近な誰かにたとえたりするのは確かに効果的な手法なんです。そのキャラクターが自分の中でカ

チッと整理されますから。でも、もう少し**誰もが共通認識を持てるような**指標が必要です。そこで、僕が普段からスパイスの配合を考えるときにベースにしている香りのキャラクターについて分類してみました。自分なりの説明を加えています。

スパイス・ペンタゴンとは？

香りの方向性は大きく5つ。それぞれに主要なスパイスを仮置きしてみると、こんな感じになります。

5つの香りと分類例

M. まろやかな香り（Mellow）……　フェヌグリーク、シナモン

F. 華やかな香り（Floral）　　……　カルダモン、コリアンダー、フェンネル

R. 香ばしい香り（Roasted）……　レッドチリ、パプリカ、マスタード

E. 土っぽい香り（Earthy）　　……　ターメリック、ブラックペッパー

D. 深みのある香り（Deep）　……　クミン、クローブ、スターアニス

　要するにスパイス（ハーブを含む）というものは、「深みがあって、土っぽくて、香ばしく、華やかで、まろやかな香り」を持ったアイテムだということになります。
　各スパイスの香りを実際に確かめながら、これら5つの要素を探してみてください。これを僕は"**スパイス・ペンタゴン（香りの五角形）**"と名付けました。
　コーヒーやワインが好きな人なら、各世界にいわゆるフレーバーホイールみたいなものが存在していて、さまざまな方法で香りを表現していることはご存じですね。でも、スパイスの世界でこの手のものが整理しにくいのは、フレーバーホイールのカテゴリーの方に「スパイス」が含まれているからです。たとえばワインやコーヒーの香りを説明・表現するためにスパイスを使うわけですから、そのスパイスの香り自体を表現したいときには何を使えばいいのかが難しいんです。
　そこでこのスパイス・ペンタゴンが活躍します。
　ひとまず、各要素にスパイスを当てはめてみましたが、ちょっと納得感が足りない。だって、クミンは確かに深い香りですが、香ばしさも持っていますから。どのスパイスも5つの要素は兼ね備えています。だから、スパイス自体をカテゴリー分けするのではなく、5つのカテゴリーに評価値を設けてスパイスごとに5つの評価を行っていく方が正確に伝えられそうです。

スパイス・ペンタゴン大公開！

5つの香りの具体的なイメージを、イラストと文章で解説します。

M

まろやかな香り
（Mellow）

思わず目を閉じたくなるような甘い香り。
やさしくずっとそばにいたくなるような、
ふと昔の思い出がよぎるような。楽器で
いえばピアノのような香り。

フェヌグリーク

シナモン

F

華やかな香り
（Floral）

鼻から後頭部にすーっと心地よさが通り
抜けていくような香り。放たれた瞬間に
注目を集め、歓声を浴びるような魅力を
持つ。楽器でいえばギターのような香り。

カルダモン

コリアンダー

フェンネル

D

深みのある香り
（Deep）

「んー」と思わず低いため息が出そうになる香り。どこか遠い場所へ連れていかれるような吸引力。楽器でいえば低音でお腹に響いてくるベースのような香り。

クミン　　　　クローブ　　　　スターアニス

3

2

1

0

E

土っぽい香り
（Earthy）

大地を感じる香り。第一印象は、何となく"どんくさい"とか"苦そう"といったイメージ。慣れてくるとやめられなくなる。楽器でいえばドラムのような香り。

ターメリック　　　ブラックペッパー

R

香ばしい香り
（Roasted）

ツンと鼻をつくような刺激的な香り。その奥に食欲をそそる魅力が潜む。何かを焼いたような"火"や"熱"の存在を彷彿とさせる。楽器でいえばトランペットのような香り。

マスタード

レッドチリ　　　　パプリカ

スパイス・ペンタゴン［スパイス編］

ペンタゴン採点表

	名前	Deep	Earthy	Roasted	Floral	Mellow	計
1	ターメリック	1	3	2	1	1	8
2	レッドチリ	1	1	3	2	1	8
3	パプリカ	1	1	3	2	1	8
4	クミン	3	2	2	1	1	9
5	コリアンダー	1	1	1	3	2	8
6	カルダモン	2	1	1	3	2	9
7	クローブ	3	1	1	2	2	9
8	シナモン	2	1	1	2	3	9
9	ブラックペッパー	2	3	2	1	1	9
10	フェンネル	1	1	1	3	2	8
11	フェヌグリーク	1	3	2	1	2	9
12	マスタード	1	2	3	1	1	8
13	スターアニス	3	1	1	2	2	9
※	ガラムマサラ	2	2	1	2	2	9
※	ローステッドカレー	2	2	3	1	1	9
	計	26	25	27	27	24	

（※ミックススパイス）

　スパイス・ペンタゴンの特徴は、五角形のチャートを通してスパイスの香りの方向性をビジュアル的に把握できるようになること。

　たとえば、ターメリックをチャートにしてみましょう。Earthyが3点、Roastedが2点、FloralとMellowとDeepが1点です。線でつなぐとターメリック・ペンタゴンができますね。同じようにレッドチリやクミン、コリアンダーなどもやってみましょう。

　別々の五角形ができました。どれもいびつな形をしていますが、とんがっているところの香りが突出しているということです。ひと目でスパイスの個性がわかりますね。

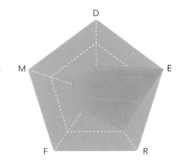

ターメリック・ペンタゴン

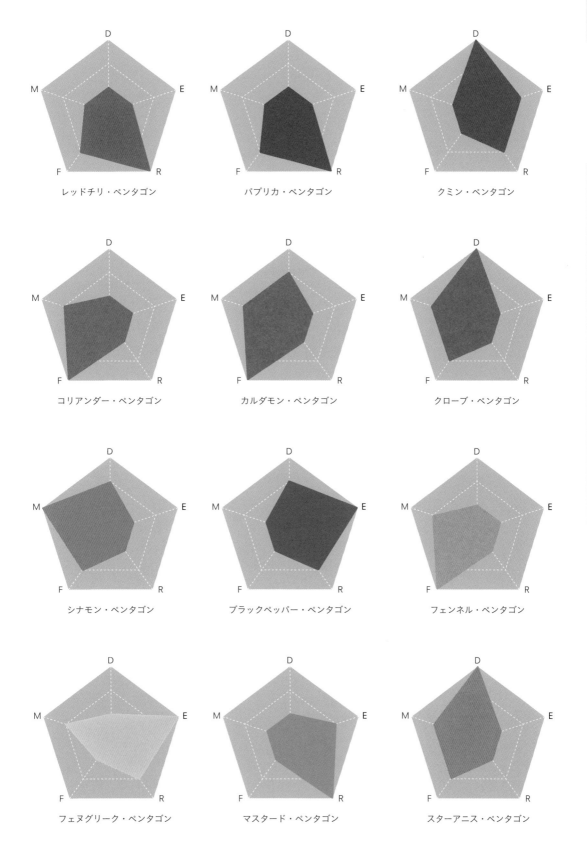

レッドチリ・ペンタゴン

パプリカ・ペンタゴン

クミン・ペンタゴン

コリアンダー・ペンタゴン

カルダモン・ペンタゴン

クローブ・ペンタゴン

シナモン・ペンタゴン

ブラックペッパー・ペンタゴン

フェンネル・ペンタゴン

フェヌグリーク・ペンタゴン

マスタード・ペンタゴン

スターアニス・ペンタゴン

スパイス・ペンタゴン［ハーブ編］

ペンタゴン採点表

	名前	Deep	Earthy	Roasted	Floral	Mellow	計
1	パクチー	3	2	1	1	1	8
2	ローズマリー	3	2	1	2	1	9
3	タイム	2	3	1	1	1	8
4	ローリエ	1	1	1	2	3	8
5	パセリ	1	3	2	1	1	8
6	カレーリーフ	1	1	3	1	3	9
7	パンダンリーフ	2	2	3	1	1	9
8	ミント	1	1	1	3	2	8
9	レモングラス	1	2	1	3	2	9
10	ディル	2	1	1	2	3	9
11	バジル	2	1	1	2	3	9
12	こぶみかんの葉	1	1	3	3	3	11
13	カスリメティ	2	2	3	1	1	9
※	ブーケガルニ	2	2	1	2	1	8
	計	24	24	23	25	26	

（※ミックススパイス）

スパイスだけでなく、ハーブも同じように五角形の
チャートを通して香りの方向性をビジュアル的に把握でき
ます。

たとえば、パクチー（香菜）をチャートにしてみましょう。
Earthyが2点、RoastedとFloralとMellowが1点、Deep
が3点です。線でつなぐとパクチー・ペンタゴンができま
すね。同じようにローズマリーやタイム、ローリエなどで
もやってみましょう。

また別々の五角形ができました。これ、やり始めると楽
しくて止まらなくなってしまいます。一通りペンタゴンが
できあがったら次に進みます。

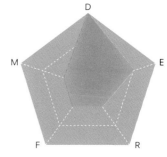

パクチー・ペンタゴン

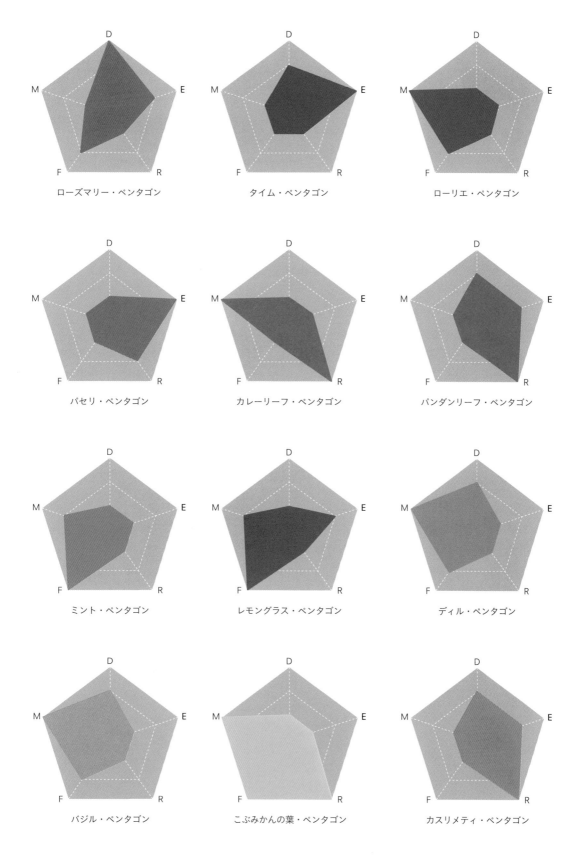

ローズマリー・ペンタゴン

タイム・ペンタゴン

ローリエ・ペンタゴン

パセリ・ペンタゴン

カレーリーフ・ペンタゴン

パンダンリーフ・ペンタゴン

ミント・ペンタゴン

レモングラス・ペンタゴン

ディル・ペンタゴン

バジル・ペンタゴン

こぶみかんの葉・ペンタゴン

カスリメティ・ペンタゴン

香りをチャート化してみよう

　ここからもう少しおもしろいことをします。P50の4種のスパイス・ペンタゴンを重ねてみるんです。どうなりますか？

　ちょっと不思議な星のようなヒトデのような形になりました。5方向にツンツンととんがりがのびています。4種のスパイスがそれぞれの持ち味を生かして、それぞれの足りない部分を補い合っている関係なのがわかりますね。

　実は、「ターメリック、レッドチリ、クミン、コリアンダー」の4種類は、スパイスでカレーを作るときに主役級の働きをするトップ4。カレー粉の主要成分でもあります。

　なぜこの4種のブレンドが優れていると言われるのか、多くの人に愛されるのか、が明快になりました。バランスがいいんです。

　では、もうひとつ、「カルダモン、クローブ、シナモン」をチャート化して、重ねてみましょうか。この3種類のブレンドは、インド料理では、「ホール・ガラムマサラ」と呼ばれることもあります。ガラムマサラはご存じの通り、インド料理やカレーの仕上げに振りかけると本格的な香りが生まれるミックススパイスです。本来はもっといろいろなスパイスが使われますが、これら3種はガラムマサラの主要スパイスです。

　重ねてみました。どうでしょうか？

　今度は、ダイヤモンドのかけらのような形になりました。各スパイスの持ち味が極めて似ているから、補い合ってバランスを取るというよりも塊になって輝きを強めるようなイメージです。この3種をブレンドすることで

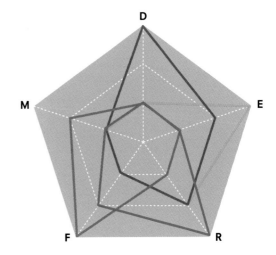

カレー粉・ペンタゴン（パウダー4種）

どんな香りを狙っているのかが明快になりますね。

　そして、パウダー4種のペンタゴンとホール3種のペンタゴンを比べてみてください。カレー粉とガラムマサラは何が違うんですか？と質問を受けることがありますが、次に同じ質問を受けたら、僕は黙ってこの2つの図形を見せたいと思います。
「ほら、カレー粉はスターで、ガラムマサラはダイヤモンドです」
なあんて言ってみたりしてね。混乱させちゃうかな。

スパイスのイメージを
より具体的に

　だいぶスパイスのキャラクターの輪郭がハッキリしてきたんじゃないでしょうか。

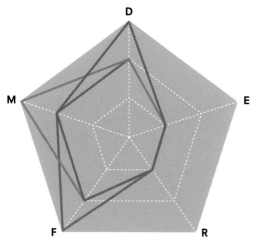

ガラムマサラ・ペンタゴン（ホール3種）

　スパイス・ペンタゴンで香りの5要素を整理しました。各要素の中にさらにどんな香りが潜んでいるかをまとめています。その上でもう一度、特徴的なスパイス（ハーブ）を当てはめてみました。スパイスごとにペンタゴンの形を覚えておくのはちょっと大変かもしれませんが、5要素中分類の特徴的なスパイスを把握するだけでもイメージがしやすくなりますね。

　こういうのを分類したり整理したりするのは本当に楽しいですね。時間の経過を忘れさせてくれます。みなさんもスパイスの香りをチェックしながら自分なりの分類をしてみてください。

	大分類（しっかり香る）	中分類（どことなく香る）	スパイス	ハーブ
D	深みのある香り／Deep	ココア系／Cocoa	スターアニス	ローズマリー
		お香系／Incense	クローブ	―
		苦味系／Bitter	クミン	パクチー
E	土っぽい香り／Earthy	木材系／Woody	ターメリック	―
		焦げ系／Burnt	―	タイム
		燻し系／Smoky	ブラックペッパー	パセリ
R	香ばしい香り／Roasted	メイラード系／Maillard	レッドチリ	カレーリーフ
		キャラメル系／Caramelized	パプリカ	カスリメティ
		ナッツ系／Nutty	マスタード	パンダンリーフ
F	華やかな香り／Floral	爽快系／Refreshing	カルダモン	ミント
		柑橘系／Citrus	コリアンダー	こぶみかんの葉
		青菜系／Green	フェンネル	レモングラス
M	まろやかな香り／Mellow	甘い系／Sweet	シナモン	ローリエ
		ベリー系／Berry	―	バジル
		コク系／Rich	フェヌグリーク	ディル

10種類のミックススパイスを公開!

　ずっと使えるバランスのいいミックススパイスを公開します。10種類の代表的なパウダースパイスから4つを選んで適した配合比率で混ぜ合わせる。香りのベクトルが対照的な5組10種類のミックスができあがりました。が、スパイスは嗜好品。香りは千差万別で好みは十人十色です。自分にとってのいちばんを探してみてください。

1 スタンダードミックス Standard Mix [S]

これぞ定番! という配合。何にでも使えます。

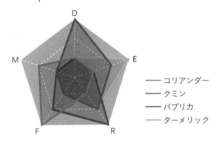

—— コリアンダー
—— クミン
—— パプリカ
—— ターメリック

2 アブノーマルミックス Abnormal Mix [A]

かなり特殊かも? という配合。南インド・チェティナード料理を意識。

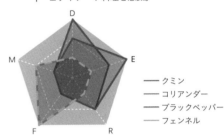

—— クミン
—— コリアンダー
—— ブラックペッパー
—— フェンネル

3 ノスタルジックミックス Nostalgic Mix [N]

どことなく懐かしい配合。昔のカレー粉はこんな感じかな?

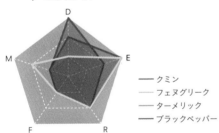

—— クミン
—— フェヌグリーク
—— ターメリック
—— ブラックペッパー

4 フューチャリスティックミックス Futuristic Mix [F]

未来志向の強い配合。ちょっと扱いにくいかな?

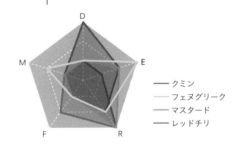

—— クミン
—— フェヌグリーク
—— マスタード
—— レッドチリ

5 ロジカルミックス Logical Mix [L]

論理的に考えられた配合。みんなに愛されそうな香りを意識。

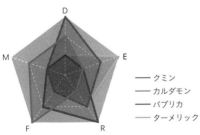

—— クミン
—— カルダモン
—— パプリカ
—— ターメリック

6 エモーショナルミックス Emotional Mix [E]

感情に訴えかけるような配合。華やさとまろやかさを強調。

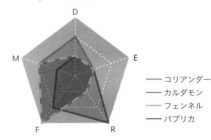

—— コリアンダー
—— カルダモン
—— フェンネル
—— パプリカ

7 | パーマネントミックス
Permanent Mix [P]

時代を選ばず広く愛される配合。人気を集めた実績あり。

◀・・・・▶

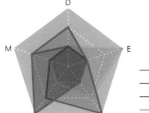

─ コリアンダー
─ カルダモン
─ レッドチリ
─ ターメリック

8 | コンテンポラリーミックス
Contemporary Mix [C]

今の時代にマッチした配合。ちょっとクセが強いかも。

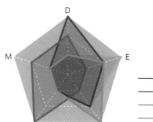

─ クミン
─ カルダモン
─ マスタード
─ ターメリック

9 | オーディナリーミックス
Ordinary Mix [O]

安心して日常使いできる配合。香りが香ばしくて色鮮やか！

◀・・・・▶

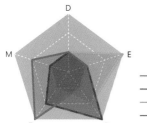

─ コリアンダー
─ パプリカ
─ ターメリック
─ レッドチリ

10 | ドラマチックミックス
Dramatic Mix [D]

劇的で刺激に満ちた配合。ピリピリ、ヒリヒリと辛口。

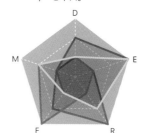

─ コリアンダー
─ ブラックペッパー
─ レッドチリ
─ フェヌグリーク

	スタンダードミックス	アブノーマルミックス	ノスタルジックミックス	フューチャリスティックミックス	ロジカルミックス	エモーショナルミックス	パーマネントミックス	コンテンポラリーミックス	オーディナリーミックス	ドラマチックミックス	頻度
コリアンダー	●	●				●	●		●	●	6
クミン	●	●	●	●	●			●			6
ターメリック	●		●		●		●	●	●		6
パプリカ	●			●	●				●		4
レッドチリ				●			●		●	●	4
カルダモン				●	●		●	●			4
ブラックペッパー		●	●							●	3
フェヌグリーク			●	●						●	3
フェンネル		●				●					2
マスタード				●				●			2

ミックススパイス配合一覧

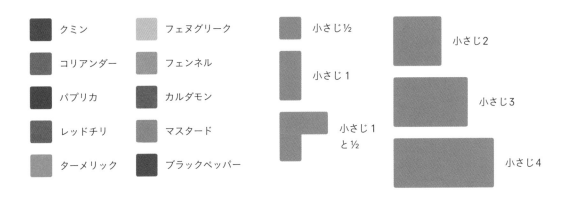

■ クミン	■ フェヌグリーク
■ コリアンダー	■ フェンネル
■ パプリカ	■ カルダモン
■ レッドチリ	■ マスタード
■ ターメリック	■ ブラックペッパー

小さじ½
小さじ1
小さじ1と½
小さじ2
小さじ3
小さじ4

---

1 | スタンダードミックス
Standard Mix［S］

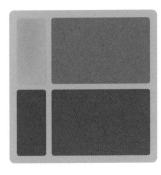

コリアンダー…小さじ3
クミン…小さじ3
パプリカ…小さじ1
ターメリック…小さじ1

2 | アブノーマルミックス
Abnormal Mix［A］

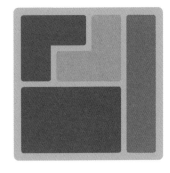

クミン…小さじ3
コリアンダー…小さじ2
ブラックペッパー…
　　小さじ1と½
フェンネル…
　　小さじ1と½

---

3 | ノスタルジックミックス
Nostalgic Mix［N］

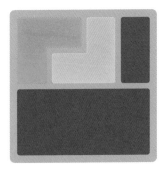

クミン…小さじ4
フェヌグリーク…
　　小さじ1と½
ターメリック…
　　小さじ1と½
ブラックペッパー…
　　小さじ1

4 | フューチャリスティックミックス
Futuristic Mix［F］

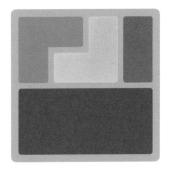

クミン…小さじ4
フェヌグリーク…
　　小さじ1と½
マスタード…
　　小さじ1と½
レッドチリ…小さじ1

5 | ロジカルミックス
Logical Mix［L］

クミン…小さじ3
カルダモン…小さじ2
パプリカ…小さじ1と½
ターメリック…
　小さじ1と½

6 | エモーショナルミックス
Emotional Mix［E］

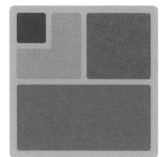

コリアンダー…小さじ4
カルダモン…小さじ2
フェンネル…
　小さじ1と½
パプリカ…小さじ½

7 | パーマネントミックス
Permanent Mix［P］

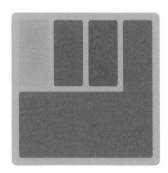

コリアンダー…小さじ5
カルダモン…小さじ1
レッドチリ…小さじ1
ターメリック…小さじ1

8 | コンテンポラリーミックス
Contemporary Mix［C］

クミン…小さじ4
カルダモン…小さじ2
マスタード…小さじ1
ターメリック…小さじ1

9 | オーディナリーミックス
Ordinary Mix［O］

コリアンダー…小さじ4
パプリカ…小さじ2
ターメリック…
　小さじ1と½
レッドチリ…小さじ½

10 | ドラマチックミックス
Dramatic Mix［D］

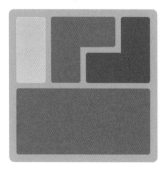

コリアンダー…小さじ4
ブラックペッパー…
　小さじ1と½
レッドチリ…
　小さじ1と½
フェヌグリーク…
　小さじ1

本書で使用するスパイス

ターメリック・パウダー

何はなくともこの色と香り。少量で多くのカレーの土台となる。

**レッドチリ・
ホール＆パウダー**

辛味はもちろん、焼けたような香ばしい香りがすばらしい。

**コリアンダーシード・
パウダー**

ついつい頼りたくなってたくさん使ってしまうさわやかな香り。

**クミンシード・
ホール＆パウダー**

カレー作りにおけるエースストライカー。抜群の汎用性の高さ。

**グリーンカルダモン・
ホール＆パウダー**

ちょっと贅沢なカレーにしようかなと思ったらこのスパイス。

パプリカ・パウダー

レッドチリを使いたい、でも辛くなるのは困る、というときに。

クローブ・ホール

控えめながらジワジワと香る。肉のカレーと相性のいい奥深さ。

シナモン・ホール

右が一般的なシナモン、左は高級高品質のセイロンシナモン。

**ブラックペッパー・
ホール＆パウダー**

おなじみのスパイス。ホールで煮込んでかむのもおいしい。

**マスタードシード・
ホール＆パウダー**

プチプチした食感、香ばしい香り、粒々が主張する存在感。

**フェンネルシード・
ホール＆パウダー**

魚介類に合う甘くさわやかな香りだが好き嫌いが分かれる。

**フェヌグリークシード・
パウダー**

意外と知られていないがカレー粉にはよく配合されている。

**スターアニス・
ホール**

マニアックな香りのスパイスだが
入れるだけでエキゾチックに。

サフラン・ホール

香りも色もすばらしい。が、とに
かく高価で滅多に使えない。

ガラムマサラ・パウダー

万能なミックススパイス。ブラン
ドごとに香りはさまざま。

**ローステッドカレー・
パウダー**

スリランカでよく使われるカレー
粉。こんがり感がたまらない。

1

カルダモンをつぶす

形をつぶすことで香りが立ったり抽出しやす
くなったり。ペッパーやコリアンダーも。

2

シナモンを割る

セイロンシナモンは手で割るだけでパラパラ
と細かく崩れる。薄ければ食べてもいい。

3

クミンシードを挽く

自分で挽いて粉にすると驚くほどの香りを体
験できる。粗挽きも個性的でいい。

本書で使用するハーブ

香菜

シャンツァイやパクチーとも呼ばれる、コリアンダーの葉。

パンダンリーフ

スリランカやタイでよく使われる。ココナッツミルクとよく合う。

レモングラス

茎の下の方に強い香りがある。葉はカレーにはあまり使わない。

パセリ

左はよく出回るパセリ。右はイタリアンパセリ。香りが違う。

ミント

スペアミントよりもペパーミントの方が風味を強く感じやすい。

ローズマリー

自家栽培でニョキニョキ育つハーブ。葉が太く香りが強い。

ディル

魚介類のマリネなどにも活躍する、おしゃれで品のいい香り。

タイム

力強い香りに特徴がある。肉のカレーについ多用してしまう。

スイートバジル

そのまま食べてもペーストにしても。なじみ深い香りで安心。

カレーリーフ

南インドやスリランカで使われ、カレー好きの間で流行中。

こぶみかんの葉

タイのカレーにはこの香り。すっとさわやかで慣れるとやみつき。

ベイリーフ

ローリエとも呼ばれる、月桂樹の葉。煮込みの強い味方。

ドライバジル

札幌で生まれたスープカレーで多
用され、一躍脚光を浴びた。

カスリメティ

インド料理で使われるフェヌグ
リークの葉。ただいま大流行中。

ブーケガルニ

複数種類を組み合わせたミックス
ハーブ。煮込みのおともの定番。

1 ── **レモングラスをつぶす**

薄く輪切りにしてからペーストにする方法も
あるが、つぶすだけでも強烈に香り立つ。

2 ── **パンダンリーフを結ぶ**

入れて煮るだけで独特の香りを生むが、葉が
長いため、まとめて結んだ方が使いやすい。

3 ── **こぶみかんの葉をちぎる**

真ん中の筋を取って千切りにする方法もある
が、ちぎるだけでも強烈に香り立つ。

4 ── **ハーブを乾燥させる**

ハーブを使いきれなかったときは、自家乾燥
させるか、電子レンジで1分〜2分ほど加熱
して乾燥させると長持ちする。複数種類を混
ぜて細かく砕き、塩と混ぜてハーブソルトに。

調理時間の概念について

だいぶ前から悶々と悩んでいたことがあります。

調理時間というのは、一般的に火がかかってからそのカレーが完成するまでを指すことが多い。その総調理時間が短ければ短いほどみんな喜ぶんです。10分や15分でカレーが作れると言うとみんな嬉しい。一方で、「このカレーは1時間かかります」と言うと「大変そうだからやめようかな」となってしまう。もちろん、10分でもカレーはできますよ。でも**必要な手間や時間はかけたらかけただけカレーはおいしくなります**。10分で作るカレーもおいしいけれど、「10分にしては悪くない」という味なんです。とはいえ、調理時間が長いことへのマイナスイメージはなかなかぬぐえない。それはレシピを提案する側からすると悩ましい状況なんですね。

そこを何とかできないか、と考えてひとつの数式を導き出したんです。数式なんてたいそうなものじゃないんですけれど。

たとえば、ひとつのカレーを作るときに30分炒めて30分煮る、すなわち60分かかる調理時間のうち、あなたが鍋に張り付いていなければならない時間は何分ですか?

30分炒める ⟹ 拘束時間
30分煮る ⟹ 自由時間

そう、鍋と格闘する時間は、半分しかないんです。煮込みが始まったら後は自由ですから。この概念を僕はすごく大事だと思う。

炒めると煮るというのはですね、別の視点でも考える材料としてはなかなかおもしろい行為なんです。

みなさんは、ルウでもスパイスでもカレーを作ったことがありますね。そうするとカレー作りで炒めたことも煮たこともありますね。思い出してみてください。炒めるときは鍋を片手に焦げないように振ったり右手のへらを動かしてみたりしますね。ちょっと鍋から離れると焦げるかもしれない。だから、鍋に張り付いて動き続ける。これが炒める。

煮るは? 水なり水分を鍋に入れます。煮立てるくらいはするかもしれない。そこから弱

火にしたりして、煮込み時間が30分ならキッチンタイマーをセットして、そこから先は何しようかな、となる。洗い物をしておくか、とか誰かが一緒にいればおしゃべりするか、お酒でも飲むか、となる。

忙しい"炒める"という行為と、すごく優雅で暇な"煮る"行為とはまるで違う。

炒めるというのが大事だと言ったのは、炒める部分は技術の差が出るからです。だから、「学んで身に着けてテクニックを上げましょう」と言っていた。ところが、煮るという行為は、誰がやっても同じなんです。みなさんが煮ても水野が煮ても、おじいちゃんが煮ても子どもが煮ても結果は同じなんです。ここがポイント。**炒めると煮るを比較したときにそのくらいの差がある。**

炒める …… テクニックが必要。忙しい。
煮る ……… テクニックは不要。ひまで自由。

同じ火にかかっている行為でもまるで違うんです。「玉ねぎはあめ色になるまで炒めるのが大事です。玉ねぎから、鍋から離れないでください」と言われてきた。カレーをおいしく作ろうとする人のモチベーションはほとんど炒めることに注がれてきたと言ってもいいかもしれませんね。

ところが、カレーが煮込み料理だということになると、何と優雅な行為になることか。もし、このハンズオフカレーが浸透したら、大変なことですよ。僕はカレー界の救世主になるかもしれない。あれ？ 今、失笑が聞こえましたけど。でも、そのくらい僕は興奮しているんです。

手間と工夫で自由時間を増やす

　もうひとつ、調理時間について僕が考えさせられていたのは、マリネにかける時間です。鶏肉をヨーグルトとスパイスでマリネするときに、レシピには「2時間（できればひと晩）」と書いたりします。いや、2時間よりもひと晩の方がおいしいんだから、ひと晩やってよと思っちゃう。ただ、それを書いたら、「水野のレシピ本は面倒だ」となってトライしてくれなくなる。だから、諦めている部分もあるんです。30分よりも2時間、2時間よりもひと晩、ひと晩よりも24時間の方がおいしくなるんです。だったらやってよ〜、というモヤモヤがあった。

　ちょっと考えてみましょう。マリネにかかる時間は、どんな時間ですか？ 24時間マリネをするレシピで想像してみてください。

マリネ準備（鶏肉にスパイスをまぶす）… **5分** ⟹ 拘束時間
マリネ実施（冷蔵庫で寝かせる）………… **24時間** ⟹ 自由時間

　準備の5分間をカレーを作る直前にやるか、前日にやっておくかでまったく違う。前日の夜にやるとしたら、同じ5分間で準備して冷蔵庫に入れてしまったら、そこから翌日の夜まではすべて自由時間です。お風呂に入って寝る。翌朝、会社に出かけて夕方から友達とお茶して帰宅して、さあ、カレーでも作ろうかってタイミングまでずっとマリネは冷蔵庫の中でおいしくなり続けてくれている。拘束時間は同じなのに味がまるで変わっちゃう。だったら、前日にやりましょうよ。

　ということでいうと、調理に関する考え方がもっと広がる可能性があるんじゃないか、と思うんです。カレーを作るときに30分間の自由時間があるとしたら、あなたはその30分で何をしますか？ それは10人に聞いたら10人とも違うと思います。でも思い思いのことに時間を割ける。それがハンズオフカレーのメリットのひとつだと思います。

　たとえば僕はウイスキーが好きです。スコットランドのシングルモルトで、たとえば15年熟成なんていうものがある。このウイスキーは15年間、樽の前で蒸留所の人が樽とにらめっこしているわけじゃないですよね。温度湿度管理のされた場所に保管したら、15年間は放置です。生まれたばかりの子どもが気が付いたら中学生になっている。「大きくなったなぁ」なんて言いながら樽を開けてみたら、15年間の熟成ですごくいい風味のウイスキーができているわけですね。15年間は拘束時間ではなく、自由時間なんですから。

　そうやって自由時間が長くておいしくなるものはたくさんあります。しょう油やみそみたいな隠し味もそうですね。

　隠し味を使うという行為は、誰かががんばってくれた年月と労力をいただくことと同じ

なんです。それを作るまでにどれだけがんばったのか、という努力の量や思い入れを測ることはできませんが、かかった時間はわかりやすい。

　必要な手間はかけるだけかけたほうがカレーはおいしくなる、と言いました。その手間をかけるのは自分なのか他の誰かなのか。そして、いつなのか。カレーを作っている最中なのか、カレーを作るのとは別のタイミングなのか。それはレシピによって変わります。ただ、いつかどこかで誰かがかけた手間が目の前のカレーをおいしくするんです。

　たとえば、次のようなカレーでは、総調理時間はどのくらいになりますか？

・カレーを作る：45分
　　　　＋
・スープを取る：2時間
・マリネをする：12時間
・隠し味（しょう油）を使う：6か月

6か月と14時間45分!!!

　すごく手の込んだカレーになりますね。

　まあ、そんなことを言い始めたら、「玉ねぎが育つまでの期間」、「スパイスを栽培し、摘んで乾燥させるのにかかる時間」などなどキリがありません。それを全部足したら……、やめておきましょうね。

スープを取る

おいしさのネタを明かす

　スープストックやブイヨン、だしなどのうま味は、日本人が特に強く感じるおいしさだと言われています。うま味を感知する味覚が敏感なんでしょうね。ただ直接的に舌の上で「うまい！」と反応するというよりも、しみじみおいしいとか、どことなくおいしいとか、そういう具合に感じるんですね。

　不思議だなぁと思うのは、この手の水分は、たいてい透明だったり、ほんのり茶色く色づいているくらいで、見た目は水とそんなに変わらないんです。しかも、それがカレーになってしまったらスパイスや食材などの色と混ざってしまい、姿を消してしまいます。ところがあるとないとでは味わいが違う。おいしさが目に見えないんです。

　スパイスカレー初心者の方からときどき質問を受けることがあります。

　「スパイスでカレーを作りました。が、ひと味足りない気がします。これでいいんでしょうか？」

　そう感じる原因のひとつに「うま味不足」があります。僕が提案するスパイスカレーって水を使うことが多いんです。たとえば、その人が普段、外食でカレーを食べていたり自宅でルウカレーを作っていたりする場合、そのカレーには強烈なうま味が含まれているん

です。その味に慣れている人が水を使ってスパイスカレーを作ったら、ちょっと物足りなく感じるかもしれません。

　その昔、スパイスカレーにスープを使うときは、割ときれいなチキンブイヨンを取っていました。鶏ガラと香味野菜をやさしく長時間煮込むんです。塩を加えたらそのままおいしくスープとして飲めそうな味わい。野菜を入れて煮込んだらポトフにでもなりそう。でも、それでカレーを作るとスープのうま味を感じにくいんですね。カレーってさまざまな食材や油やスパイスの風味が混在していますから、きれいなスープだと味が負けてしまう。だから、あるとき、「もう優等生ぶるのはやめにしよう」と思った。もっと強い味のスープにしたい。そこでパイタン（白湯）に行きつきました。

　白湯は中国料理で使われるスープ。さまざまな作り方がありますが、ここでは、かなりシンプルな作り方を紹介します。無色透明に近かったスープが白く濁る。理由は、長時間強い火力で鶏ガラを煮ることで鶏のゼラチン質や脂肪がお湯に乳化するため。そう、隠れていたうま味が顕在化するんですね。このパイタン風スープは、ハンズオフカレーの頼もしい味方になってくれます。

鶏ガラスープ

材料

鶏ガラ .... 2羽分(450g)
水 3,000ml
セロリ(頭の部分) .... 1本分(80g)
長ネギ(頭の部分) .... 3本分(80g)

1

鍋に鶏ガラとたっぷりの水を入れて30分ほど置いておく。ざっと洗って鶏ガラを鍋に戻し、分量の水を入れて強火にかける。20分ほどでアクが浮いてくるので、丁寧に取る。そのまま完全に沸とうした状態を保って強火で煮る。

2

火にかけてから1時間経過したところで、セロリとネギを加える。

3

火にかけてから1時間30分経過したところで、セロリとネギを取り除く。

4

火にかけてから2時間経過したところで完成。ざるで濾す。完成量の目安は1,000ml。

マリネをする

マリネは手間と時間がかかりますが、カレーをおいしくする大事な作業のひとつです。「肉や魚を酸っぱいものや香りの強いものと合わせる」と覚えておいてください。ある程度までは時間が長ければ長いほど効果が強まります。

インド・オールドデリーにあるタンドーリチキン発祥の店を取材したとき、シェフは「鶏肉のスパイスマリネは48時間がベストだ！」と胸を張って話してくれました。本当かなぁ。根拠はわかりませんが、実践してみたら確かにおいしく感じました。

なぜマリネをするのか？

1
食材（主に肉）を やわらかくする

食材の繊維に隙間が生まれ、保水性が高まります。またタンパク質分解酵素の働きが活性化し、アミノ酸に分解されて繊維どうしの結束が弱まることでやわらかくなるんです。肉に含まれるコラーゲンは、酸性化によりゼラチン化が促進され、加熱時に溶けてやわらかくなります。鶏肉は短い加熱で軟化しますから、牛肉、豚肉、マトンなどの塊を使用するときに期待する効果です。

2
食材（主に肉）に 風味をつける

マリネに使う材料にはさまざまな香りがありますが、その成分は水溶性か脂溶性です。水溶性のものは低pHの水分と一緒に線維の隙間に入り込む。脂溶性のものは食材のタンパク質に入り込む。いずれにしても食材が風味豊かになります。また、どの香り成分もアルコール類には定着しやすいため、ワインや梅酒などと一緒にスパイスをマリネすることには効果が期待できます。

3
加熱の進度を コントロールする

マリネ素材と食材が一体化することで、じわじわと火が入る。スパイスが焦げにくくなったり、加熱の過程で脂肪分に風味が定着しやすくなったりする効果があります。

4
食材（肉や魚）の 保存性を高める

低pHの物質には、菌の繁殖を鎮静化させる効果があります。が、最近の食材は鮮度の高いものが多いですし、冷蔵庫もありますから、あまり必要ないかもしれませんね。

【スパイスマリネ】

パウダースパイスのみをもみ込む。

【玉ねぎマリネ】

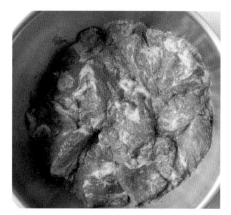

おろし玉ねぎとスパイス、酢をもみ込む。

【ヨーグルトマリネ】

ヨーグルトとスパイスなどをもみ込む。

【香味野菜マリネ】

香味野菜とスパイス、レモンをもみ込む。

【レモンマリネ】

スパイスとレモン汁をもみ込む。魚介類の場合、「ターメリック・レモン汁・塩」の組み合わせが定番。

参考：マリネに使う主な食材のpH

酢 ・・・・・・・・・・・・・・・・・pH1.8〜3.8
レモン ・・・・・・・・・・・・・・およそpH2.0
梅酒 ・・・・・・・・・・・・・・・・およそpH 3.0
白ワイン ・・・・・・・・・・・・pH3.0〜3.5
赤ワイン ・・・・・・・・・・・・pH3.3〜3.8
ヨーグルト ・・・・・・・・・・およそpH4.0

隠し味を使う

なぜ魔法が起こるのか？

隠し味っていうのは、言ってしまえば、「最もずるい方法」です。簡単にカレーがおいしくなってしまう。入れた直後からその味が鍋の中に加わりますから。なぜそんな魔法のようなことが起こるのか？ 僕は「隠し味は手抜きアイテムだ」と考えています。

手が抜ける。手間が省ける。自分がそれをやらなくて済む代わりに誰かがやってくれているんです。誰ですか？ その隠し味を作ってくれた人です。しょう油を加えて煮る場合、しょう油を作ってくれた人が日本のどこかにいるわけですよね。感謝しましょう。

その人がかけた時間と労力をもらってカレーをおいしくするんです。

たとえば、しょう油の醸造（発酵・熟成）

には少なくとも6か月ほどかかります。ということは、あなたが総調理時間30分のカレーを作るときに隠し味としてしょう油を途中で加えたら、そのカレーの"本当の総調理時間"は、6か月30分間ということになるんです。6か月はしょう油屋さん、30分があなた。便利ですね。

隠し味として機能しやすいものはいくつかに大別できます。

だし、発酵・熟成、糖分、油脂分などなど。どれも強い味方です。好みは人によって違うし、どんなカレーにしたいかによって適した隠し味が選べるようになるためにも、それぞれの隠し味の原料や製造工程、製造期間を把握しておくと役立つと思います。

【魚介だし】

にぼし
原 材 料：かたくちいわし
製造工程：煮る→干す
製造期間：24時間

干しエビ
原 材 料：エビ
製造工程：ゆでる→乾燥→
　　　　　寝かせる
製造期間：1〜2日間

干し貝柱
原 材 料：ホタテ
製造工程：ゆでる→乾燥→
　　　　　寝かせる
製造期間：30〜90日間

だし粉
原 材 料：かつお
製造工程：切る→煮る→
　　　　　燻す→乾燥→
　　　　　カビ付け→粉砕
製造期間：6か月間

【発酵・熟成】

しょう油
原 材 料：大豆、小麦、塩
製造工程：混合→発酵→熟成→圧搾
製造期間：6か月間

ナンプラー
原 材 料：かたくちいわし、食塩、
　　　　　砂糖
製造工程：塩漬け→発酵→砂糖添加
製造期間：2年間

アンチョビ
原 材 料：かたくちいわし、オリー
　　　　　ブ油、食塩
製造工程：塩漬け→熟成→油添加
製造期間：6か月間

【糖分】

マーマレード
原 材 料：かんきつ類、砂糖
製造工程：加熱→濃縮
製造期間：4時間

砂糖
原 材 料：原料糖（サトウキビ）
製造工程：煮詰める→結晶化→乾燥
製造期間：24時間

スイートチリソース
原 材 料：砂糖、唐辛子、にんにく、
　　　　　食塩、酢
製造工程：混合→加熱
製造期間：30分間

【油脂分】

フライドオニオン
原 材 料：玉ねぎ、油
製造工程：揚げる
製造期間：30分間

アチャール
原 材 料：油、ライムなど、塩、ス
　　　　　パイス
製造工程：塩漬け→スパイス・油添
　　　　　加→加熱（熟成）
製造期間：2時間

【その他】

アーモンドプードル
原 材 料：アーモンド
製造工程：乾燥→粉砕
製造期間：3〜4日間

ココナッツファイン
原 材 料：ココナッツ
製造工程：乾燥→粗挽き
製造期間：2〜3日間

カーテンをシャーッと開けるとキッチンにささやかな日光が差し込んでくる。「この光が鈍くなる前に取り掛かろう」と思いながら、オイルヒーターのスイッチを押す。作るカレーは決めていないが、スパイスはそろっている。鍋や包丁の準備をする前に決まってやることがある。音楽をかけるのだ。

CDのプレイボタンを押すと、まもなくオールディーズの名曲が鳴り響いた。カレーを作るときにBGMは欠かせない。「いい音楽を聞かせるとね、スパイスが香り出すんですよ」なんてね、まさか。最近はもっぱら「Theme Time Radio Hour」という2枚組3セットのコンピレーションアルバムを聴き続けている。かのボブ・ディランがDJを務めるラジオ番組から生まれたCDで、わざわざアメリカから取り寄せた。

カレー作りにおける音楽依存症はなかなかのもので、調理がどんな状況であろうとも、音が途絶えたら鍋を離れてCDを換える。曲の終わりが近づくと、「そろそろだな」とソワソワしてしまうこともある。もっと料理に集中しろよな、自分。

カレーを作っている時間の過ごし方に

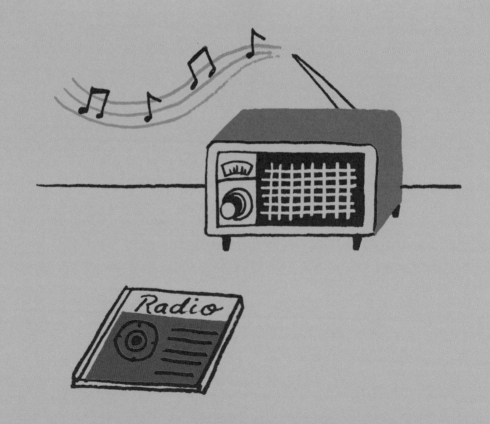

COLUMN 2

Hands off, 閃きをくれたのは誰？

ついて考え始めたのも、ハンズオフカレーの着想がキッカケだった。誤解されやすいけれど、ハンズオフカレーは"時短料理"ではない。手を触れない、というだけで、むしろ"時長料理"というべきレシピだってある。料理が好きな人にとっては、調理時間は長い方がいい。ボブ・ディランのCDを何度も取り換えれば、喜びは持続する。でもそういう人ばかりじゃない。

調理時間をより楽しむために「名盤カレー」というのを思いついた。アルバムを聴きながら手を動かし、1枚聴き終えるとカレーができている。たとえば、僕が好きなビートルズのアルバム『Abbey Road』でカレーを作るとしよう。

A面1曲目「Come Together」で玉ねぎを切り、A面2曲目「Something」で炒め始める。A面6曲目で「I Want You」と口ずさみながらスパイスを振り入れ、B面2曲目「Because」のハーモニーに合わせて鶏肉をかき混ぜる。B面8曲目「Golden Slumbers」あたりでは、コトコトと煮込まれる鍋を眺めながらコーヒーで一服。B面10曲目「The End」の終わりで文字通り火を止め、B面最終曲「Her Majesty」の25秒間でガラムマサラを混ぜ合わせる。ほら、できた。

調理時間が拘束時間と自由時間に分けられるという閃きは、名盤カレーを楽しんでいるときに生まれたものだ。ザ・ビートルズが、マービン・ゲイが、ニール・ヤングが僕の拘束時間をより充実させてくれた。ハンズオフカレーはどうだろう？ 手を触れないわけだから耳だけでなく体も空く。その自由時間には何ができる？ 何をしたい？ いろんな人に聞いてみたらおもしろそうだ。

あなたは、あなたが獲得した自由を何に使いますか？ 何だか人としての本質を問われているような気もするな。僕ならどうするか？ ソファに身をうずめて音楽をゆっくりじっくり聴いていたい。

おいしいカレーを作るのに最も確実
な方法は、常にもう一度だけ煮込ん
でみることだ。……なあんてね。

水野仁輔

The most certain way to succeed is always
to try just one more time.

Thomas Edison

CHAPTER 4

ハンズオフ
カレー
応用編

手順に手間と工夫を

「入れて煮るだけ」という極めてシンプルな調理方法でカレーができあがるのが、ハンズオフカレーの特徴です。楽できる分、別のところをがんばるとよりおいしくなりますよ、という話をしたいと思います。それが「応用パターン」です。

　主に煮込み始める前に"ひと手間"をかけることでグレードアップします。マリネしたり、一度煮立てたり、蒸し焼きにしたり。鍋中全体が一体化して風味が融合しやすい環境を作ってあげるんですね。煮込み終わった後に"ひと工夫"という方法もあります。仕上げに何かを加えたり、ふたを開けてから煮詰めたり。味が深まります。

　中には「それ、ハンズオフじゃないよね」というようなものもあります。部分的に「ハンズオン」しちゃう。セミハンズオフカレーとかハーフハンズオフカレーとか呼んでいます。応用パターンはたくさんありますので、それぞれにレシピを紹介しましょう。

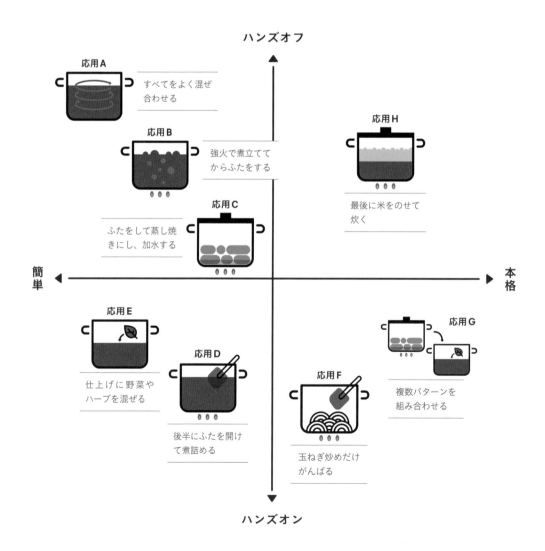

ハンズオフ

応用A　すべてをよく混ぜ合わせる

応用B　強火で煮立ててからふたをする

応用C　ふたをして蒸し焼きにし、加水する

応用H　最後に米をのせて炊く

簡単 ← → **本格**

応用E　仕上げに野菜やハーブを混ぜる

応用D　後半にふたを開けて煮詰める

応用F　玉ねぎ炒めだけがんばる

応用G　複数パターンを組み合わせる

ハンズオン

ハンズオフ基本パターン

順に重ねて煮る

鍋に材料を順に重ねていき、ふたをして火にかける。鍋の下に熱源があり、鍋底からじわじわと火が入っていくため、食材投入順序は「加熱したい順」。基本的にはゴールデンルールに従っている。

ハンズ"オフ"の価値

香りと味を順番に重ねていくゴールデンルールは理にかなった手法である。ハンズオフでもこの考え方を踏襲し、味と香りを交互に重ねていく。重ねながら加熱するのではなく、すべてを重ね終わってから火にかける点が特徴。加熱は狙い通り進むが途中からは渾然一体となる。その大きな要因は水（または水分）の存在。順に重ねても水は素材の隙間をぬって鍋底に落ちてしまう。そのため、焼き付けや炒めによるメイラード反応が起きに

くいが、やはり加熱は鍋底から順に進む。かなり特殊な裏技として、水の代わりに水と同じ重さの氷を加える方法がある。ふたをした鍋の中で氷が徐々に解けるまでの時間で鍋底の油がスパイスや玉ねぎを炒めるのだ。これは、ハンズオフカレーの未来形と言っていいかもしれない。

ハンズ"オン"の余地

鍋に油を入れた時点で点火し、順にスパイスや食材を加えていくだけで、プロセスとしては同じでも、食材を切ったり加えたりしている時間に部分的に"炒める"のプロセスが入ることになる。後半に水を加えてからふたをして、ハンズオフ。この方法ならゴールデンルールとハンズオフのいいとこどりが可能になる。

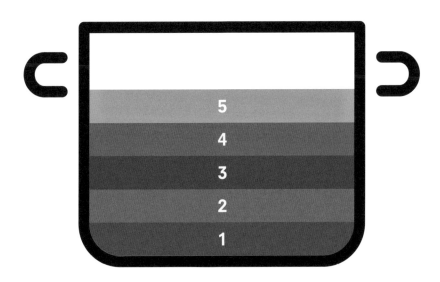

すべてをよく混ぜ合わせる

鍋に材料を片っ端から入れ（順序関係なく）、鍋の中ですべての材料を混ぜ合わせる。そのカレーに使う食材全体がよくなじんだ状態でふたをし、加熱開始。風味が渾然一体となって煮込まれる。

ハンズ"オフ"の価値

スパイスと油、食材、水、塩が層になっているのと混ざり合っているのとでは熱の伝わり方や風味の出方が変わる。油は鍋中の温度を上げ、スパイスは食材に香りをつけ、塩は味を引き出す。そして、水がすべてを融合させる。ハンズオフカレーを文字通り途中で鍋に触れることなく仕上げた場合、それぞれのアイテムの役割は後半になって加熱が進んでから発揮される。すべてを混ぜ合わせてスタートするこの応用の場合、はじめから各ア

イテムを効果的に機能させられるのが狙いだ。この考え方の延長で、マリネという手法と併用するとさらに大きな効果が期待できる。鍋中にそれほど強く対流が起こらないレシピの場合でも、すべての食材ができあがりのカレーソースとよくなじんだ状態で完成するメリットもある。

ハンズ"オン"の余地

各アイテムの役割をより強化するためには、①油、②すべての素材、③水（水分）という順で加熱が進むのが理想的。そのため、鍋に油を入れて水分以外のスパイスや食材をすべて混ぜ合わせたものを加えて炒め、全体的に香味が立って色がつき、なじんだ段階で水を加えてふたをして煮込むとさらにレベルアップする。

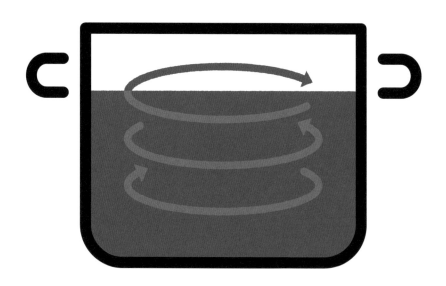

ハンズオフ応用パターンB

強火で煮立ててからふたをする

基本編に従って食材を順に加えていくのだが、ふたをする前に強めの火力で鍋中の温度を一気に上げる。鍋の中心がフツフツと煮立つまで待ってからふたをするとトータルの加熱時間を短縮できる。

ハンズ"オフ"の価値

熱源から鍋への熱の伝わり方は、「下から上へ」が基本。IHクッキングヒーターはかなり直接的に鍋底の接地面を温めるが、ガスなどの火の場合は、炎や熱が底から鍋の周囲へと回る。そのため、前半は鍋底、途中から鍋肌も温度が高まって熱を伝えていく。ふたをすると少し圧力がかかって熱が鍋中全体に回るが、ふたをする前に強めの火力で煮立てると、鍋中の素材全体が温まり煮込みの準備が完了した時点でふたをする形になる。ここが効果的。細かい説明になるが、ふたをするまでに蒸気が逃げて気持ち濃縮される部分と、鍋底や鍋肌に接触している食材やスパイスに高めの温度が伝わり、風味が強く出やすくなる。手は触れないが、火力のコントロールとふたをするタイミングで味わいが変わるのはおもしろい。

ハンズ"オン"の余地

加熱を効率化する目的で前半に煮立てるのだから、鍋に素材を加える段階で、水の代わりに熱湯を加えれば、煮立つまでの時間はさらに短縮される。ただこの場合、他のスパイスや食材と同時に湯を入れるよりも湯以外の材料を加えた段階で点火し、少し加熱してから湯を加えて煮立てるのがベター。

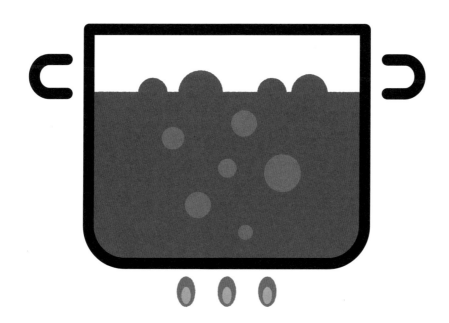

ふたをして蒸し焼きにし、加水する

水以外のすべての材料を鍋に入れ、ふたをして火にかける。一時的に蒸し焼き（材料によっては蒸し煮）の状態になり、鍋中の温度がよく上がってからふたを開けて水を注ぐ。再びふたをして煮込む。

ハンズ"オフ"の価値

「ハンズオフ＝ひたすら煮る」ということではない。材料の組み合わせによっては、単純にふたをして火にかけても前半は煮るとは別の形で火が入る場合もある。特にこの応用方法の場合、水を同時に加えずにキープして加熱をスタートさせるため、部分的に「煮る前に焼く」もしくは「煮る前に炒める」という手法を取り入れることができる。鍋のいちばん下に油があり、その上にスパイスや玉ねぎや他の食材がある。ふたをして蒸し焼きにし始めると、油の温度が上がり、素材の表面に伝わる。香ばしい香りが立ち、部分的に少し色がつき始める。次第に風味が強まっていくのだ。素材の中から水分が出始めて"煮る"の状態になるあたりでふたを開けて加水する。メリハリのきいた味わいになりやすい。

ハンズ"オン"の余地

水を加えるタイミングは、遅くすればするほど鍋中に香ばしい風味が生まれる。鍋中の状態が動いた方が焦げ付きにくくなり、蒸し焼きの時間を長くすることができるため、鍋の取っ手とふたを両手で押さえて上下左右に振ったりするといい。ふたを開けると蒸気や熱が逃げるため、「ふたをして振る」が効果的。

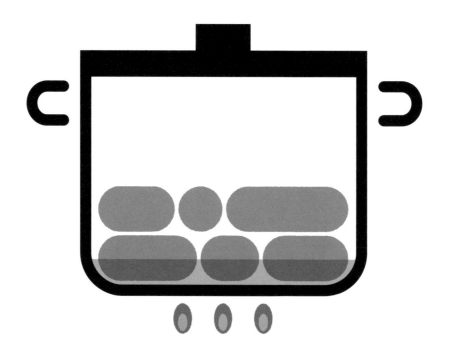

ハンズオフ応用パターンD

後半にふたを開けて煮詰める

ふたをして煮込むプロセスがほぼ完了し、素材が適当なやわらかさになった状態からふたを開けて煮続ける。鍋中から蒸気が一気に抜けていく。火加減により程度の差はあるが煮詰まって味が深まる。

ハンズ"オフ"の価値

ハンズオフカレーは、鍋の材質や熱源、火加減などによって鍋中に残る水分量に差が出やすい。「食べるのに理想的なとろみ」と「実際の鍋中のとろみ」の差を縮めるためにふたを開けて煮詰める作業をする。比較的とろみの強いカレーに仕上がるレシピが多いため、たいていの場合、ふたを開けた後に水分を飛ばしていく必要がある。予想以上に水分が飛んでしまった場合は逆に適度に加水する。い

ずれにしてもふたを開けた段階から加熱を続けていくことによって、素材がやわらかくなってこなれてきたり、全体のなじみが増したり、味わいが深まったりする。鍋中を確認しながら理想的な状態になるまで加熱を続けられるのがいい。長時間、煮詰めすぎると香りが飛ぶ可能性があるので注意したい。

ハンズ"オン"の余地

煮詰めるときには放置するよりも、鍋を振ったり、鍋中をかき混ぜたりした方がいい。素材の場所が移動したり、ソースと具が絡み合ったりする上に状態を見極めやすくなる。木べらなどで鍋肌や鍋底をこすりながらかき混ぜるのがオススメ。焦げ付きを回避しつつ、しっかり煮詰めることができる。

仕上げに野菜やハーブを混ぜる

フレッシュな状態の風味を生かしたい素材を煮込まずにとっておき、ふたをして煮込み始める。ハンズオフカレーがほぼ完成した状態でふたを開けて、仕上げの風味付けアイテムを加えて混ぜ合わせる。

ハンズ"オフ"の価値

しっかりと加熱したいものと加熱をしたくないものとを分け、加熱したいものを先にふたをして煮込み、加熱したくないものを仕上げに残しておく。ハンズオフカレーのメリットのひとつは、鍋の中に投入したアイテムが渾然一体となって融合すること。新しい風味が生まれ、食感や味が互いになじみやすい。仕上げに風味付けアイテムを加えるプロセスは、このメリットの逆をいくものだが、鮮度の高い香りや味、食感が加わることで、逆にカレー全体のおいしさが引き立ち、増幅される効果を期待。加えるタイミングを調整して味わいをコントロールすることもできる。煮込みの後半でふたを開けて加え、ふたをして煮れば風味は落ち着くし、火を止めた後に混ぜ合わせれば風味は強く残る。

ハンズ"オン"の余地

メインの具やスパイスは最初から鍋に入れて煮込み続けるが、その他の素材については、鍋中の様子を見ながら、それぞれのいいタイミングで加えて混ぜ合わせ、またふたをして煮込む方法もある。段階的に加えていくことによって、仕上がりイメージから逆算して素材や仕上げの香りを選ぶことができる。

玉ねぎ炒めだけがんばる

鍋に油を熱し、玉ねぎだけを先に加えて炒める。その後は、ゴールデンルールの手順に従って残りの材料をすべて順に鍋に加えてふたをし、煮込む。"ハーフハンズオフカレー"と呼んでいる手法。

ハンズ"オフ"の価値

カレーを作るのに最も大事だと認識されている"玉ねぎ炒め"を放棄したのが、ハンズオフカレーの特徴。その効果で味わいが軽くなる。従来のカレーにおいて、玉ねぎを炒めたときのメイラード反応による焙煎香は、味を強める重要なポイントだった。そのメリットをキープしたまま残りのプロセスをハンズオフすることで、バランスの取れた味わいを目指す。前半の"炒める"はハンズオフとは逆のプロセス。後半の"煮込み"がハンズオフ。半分ずつのいいとこどりの手法だから"ハーフハンズオフカレー"と呼んでいる。玉ねぎを炒めないで同じ効果を狙う方法として、フライドオニオンを使うこともできる。油は追加で必要になるが、他の材料とともにフライドオニオンを一緒に鍋に入れて煮ればOK。

ハンズ"オン"の余地

玉ねぎを炒めるプロセスがすでにハンズオン。玉ねぎ以外の素材をすべて鍋に加えたら、全体をしっかりと混ぜ合わせ、炒め玉ねぎのうま味がまんべんなく回るように準備してから煮込むといい。水分があるレシピの場合、水分に炒め玉ねぎを溶いてから他と混ぜ合わせるとさらに全体のなじみがよくなる。

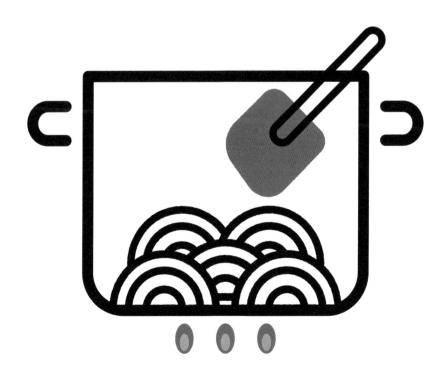

複数パターンを組み合わせる

応用パターンを2つ以上組み合わせて使う。たとえば、ふたをして蒸し焼きにして加水し（応用パターンC）、再びふたをして煮込み、ふたを開けてハーブを混ぜ合わせる（応用パターンE）など。

ハンズ"オフ"の価値

それぞれの応用パターンには、個別の目的がある。すべてをよく混ぜ合わせる（応用A）は、素材のなじみをよくし、均等に加熱を進めるため。強火で煮立ててからふたをする（応用B）は、加熱の効率をよくするため。ふたして蒸し焼きにし、加水する（応用C）は、メイラード反応による香味を立てるため。後半にふたを開けて煮詰める（応用D）は、味を深めたり、脱水率を調整するため。仕上げに野菜やハーブを混ぜる（応用E）は、フレッシュな風味を加えるため。玉ねぎ炒めだけがんばる（応用F）は、甘みやうま味を強めるため。おおまかに水分コントロールに関わる応用（A・B・D）と味のコントロールに関わる応用（C・E・F）に分類できる。目的に応じて組み合わせ方はいろいろある。

ハンズ"オン"の余地

すべての応用パターンを一度に使ってみる。油で玉ねぎを炒め（F）、水分以外のすべての材料をよく混ぜ合わせ（A）、ふたをして蒸し焼きにしてから水を加え（C）、強火で煮立ててふたをし（B）、後半にふたを開けて煮詰め（D）、仕上げにハーブを混ぜ合わせる（E）。"煮る"を中心とした調理プロセスの再構築。

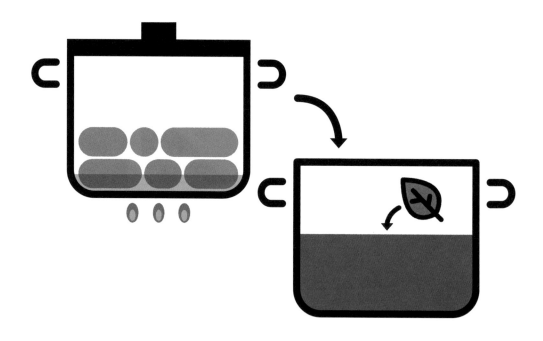

ハンズオフ応用パターンH

最後に米をのせて炊く

基本パターン、応用パターンいずれかでハンズオフカレーを作り、別途、浸水してゆでたバスマティ米をかぶせ、ふたをして炊く。ビリヤニ（炊き込みごはん）は、ハンズオフで作ることができる。

ハンズ"オフ"の価値

ビリヤニはバスマティ米にグレービー（カレー）の風味を吸わせる料理。インドやパキスタンでは、ダムと呼ばれる密閉して蒸す手法が有名。蒸気を鍋の外に逃がさないよう、ごく弱火でじっくり加熱する。鍋中にあるグレービーの風味は蒸気として鍋の中に充満し、米に吸収されていく。だから、ふたをできるだけ開けず、鍋の中もかき混ぜないで炊いた方がいい。ハンズオフカレーの場合、鍋中で

具とソースが渾然一体となり、時には対流してひとつの味へと生まれ変わるが、ビリヤニの場合、グレービーの層と米の層は木べらなどで混ぜない限り、上下の関係はそのまま。物理的に混ざらないのに風味が移る点は、ふたをして加熱することの効果を実証している。ハンズオフ調理の価値は味の相互交換にある。

ハンズ"オン"の余地

グレービー（カレー）に米をかぶせる"パッキ式"やマリネに米をかぶせる"カッチ式"の一般的な炊き方は、ダム（密閉して蒸し煮）とセットの場合が多く、最後までハンズオフ。グレービーに米を混ぜ合わせて煮ながら炊く"ボイル式"の場合は、ふたを開けて鍋中を混ぜながら炊くため、加減を調整しやすい。

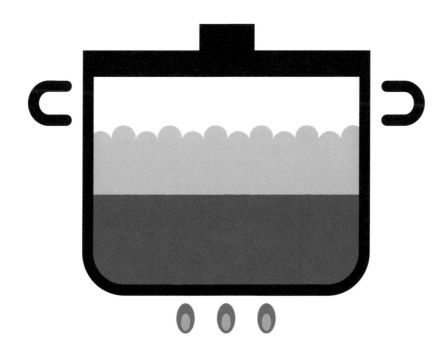

バターチキンカレー

大人気で今やすっかり定番のバターチキンカレーには、たくさんのレシピがあるけれど、僕はスターアニスを使うのが好き。ドラマチックミックスとの相性もいい。

ハンズオンしたくなったら

鍋にバターとホールスパイスを入れて炒める。マリネした鶏肉をマリネ液ごと加えて表面全体がこんがり色づくまできっちり炒める。トマトピューレと水を注いでグツグツ煮立て、鶏肉に火が通るまで煮る。

▶ 応用パターンA：すべてをよく混ぜ合わせる

【材料】4人分

鶏もも肉 ……………………………… 500g

マリネ用
- ● プレーンヨーグルト ……………… 100g
- ● にんにく(すりおろし) ………………… 1片
- ● しょうが(すりおろし) ………………… 2片
- ● 塩 …………………………… 小さじ1強
- ● アーモンドプードル(あれば) …… 大さじ1
- ● マーマレード …………………… 大さじ1

パウダースパイス／ドラマチックミックス
- ● コリアンダー …………………… 小さじ4
- ● ブラックペッパー ………… 小さじ1と½
- ● レッドチリ …………………… 小さじ1と½
- ● フェヌグリーク ………………… 小さじ1

バター …………………………………… 50g

ホールスパイス
- ● スターアニス …………………… 1個
- ● カスリメティ …………………… 大さじ5

トマトピューレ ……………… 大さじ5 (75g)

水 …………………………………… 300㎖

【下準備】

鶏肉とマリネ用の材料、パウダースパイスをボウルに入れてよく混ぜ合わせて30分ほどおく(できればひと晩)。

【作り方】

鍋にマリネした鶏肉をマリネ液ごと入れて、その他の材料を加えてよく混ぜ合わせ、ふたをして弱めの中火で30分ほど煮る。

煮込み前／**1,070g**

完成／**840g**

SPICE BLEND

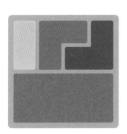

ドラマチックミックス

SPICE PENTAGON

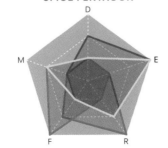

—— コリアンダー
—— ブラックペッパー
—— レッドチリ
—— フェヌグリーク

煮込みパラパラ
(詳しくはP146へ)

チキンカレーリッチ

このカレーを作るためにアブノーマルミックスを調合したと言ってもいいくらい。贅沢な香りは南インド・チェティナード料理をイメージ。

ハンズオンしたくなったら

鍋に油とホールスパイスを入れて炒める。玉ねぎを加えてキツネ色になるまで炒める。マリネした鶏肉をマリネ液ごと加えて鶏肉の表面全体がこんがり色づくまで炒める。残りの材料をすべて加えて煮立て、煮る。

▶ 応用パターンA：すべてをよく混ぜ合わせる

【材料】4人分
植物油 ……………………………… 大さじ4
ホールスパイス
　●スターアニス ………………………… 1個
玉ねぎ(すりおろし) ………… 小½個(100g)
鶏もも肉(ひと口大に切る) ……………… 600g
マリネ用
　●にんにく(すりおろし) ……………… 1片
　●しょうが(すりおろし) ……………… 2片
　●塩 …………………………… 小さじ1強
パウダースパイス／アブノーマルミックス
　●クミン ……………………………… 小さじ3
　●コリアンダー ……………………… 小さじ2
　●ブラックペッパー ………… 小さじ1と½
　●フェンネル ………………… 小さじ1と½
水 ……………………………………… 100㎖
ブラウンマッシュルーム(半分に切る) …… 200g
カレーリーフ(あれば) ……………… 20〜25枚

【下準備】
鶏肉とマリネ用の材料、パウダースパイスをボウルに
入れてよく混ぜ合わせて30分ほどマリネする(で
きればひと晩)。

【作り方】
鍋に油とホールスパイス、玉ねぎを入れて、マリ
ネした鶏肉をマリネ液ごと加え、その他の材料を
加えてよく混ぜ合わせ、ふたをして30分ほど煮る。

煮込み前／**1,130g**

完成／**893g**

SPICE BLEND

アブノーマルミックス

SPICE PENTAGON

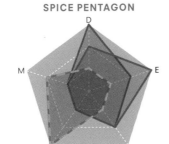

—— クミン
—— コリアンダー
—— ブラックペッパー
—— フェンネル

煮込みバラバラ

甘酸っぱ辛いポークカレー

インド・ゴア州で有名なポークビンダルーはポルトガル料理の影響もあると言われている。甘くて酸っぱくて辛くて忙しいがやみつきになる味。

ハンズオンしたくなったら

鍋に油とホールスパイスを加えて、レッドチリが真っ黒くなるくらいまで炒める。マリネした豚肉をマリネ液ごと加えて豚肉の表面全体が色づくまで炒める。酢と水を加えて煮込み、ガラムマサラを混ぜ合わせる。

▶ 応用パターンA：すべてをよく混ぜ合わせる

【材料】4人分
植物油 ……………………………… 大さじ3
ホールスパイス
　●レッドチリ（半分に割る）……………… 4本
豚肩ロース肉（ひと口大に切る）…………… 500g
マリネ用
　●玉ねぎ（すりおろし）………… 小½個（100g）
　●にんにく（すりおろし）………………… 2片
　●しょうが（すりおろし）………………… 2片
　●塩 ………………………………… 小さじ1強
　●砂糖 ……………………………… 小さじ2弱
パウダースパイス／
　フューチャリスティックミックス
　●クミン ……………………………… 小さじ4
　●フェヌグリーク ……………… 小さじ1と½
　●マスタード ………………… 小さじ1と½
　●レッドチリ ………………………… 小さじ1
ガラムマサラ（あれば）………………… 小さじ1
バルサミコ酢 ……………………… 大さじ3
水 ………………………………… 250mℓ

【下準備】
豚肉とマリネ用の材料、パウダースパイスを混ぜ合わ
せて30分ほどマリネする（できればひと晩）。

【作り方】
鍋に油とホールスパイスを入れ、マリネした豚肉
をマリネ液ごと加え、その他の材料を加えてよく
混ぜ合わせ、ふたをして弱めの中火で15分ほど
煮て、ごく弱火にしてさらに45分ほど煮る。

煮込み前／**1,005g**

完成／**863g**

SPICE BLEND

フューチャリスティックミックス

SPICE PENTAGON

―― クミン
―― フェヌグリーク
―― マスタード
―― レッドチリ

煮込みパラパラ

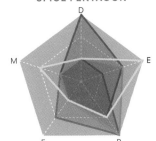

ジャマイカンラムカレー

ジャマイカで愛されているカリーゴートというヤギの
カレーの作り方を現地で習ったら、ほとんどハンズオ
フ。ライスに合う味わいだ。

ハンズオンしたくなったら

水と油以外のすべての材料をボウルに入れて
よく混ぜ合わせておく（マリネ）。鍋に油を
熱してからマリネを加えて肉の表面全体が色
づくまできっちり炒める。水を注いでグツグ
ツ煮立て、ふたをして煮る。

▶ 応用パターンA：すべてをよく混ぜ合わせる

【材料】4人分

植物油 ································· 大さじ3
長ねぎ(縦半分にして5mm幅輪切り) ···· 2本(100g)
玉ねぎ(スライス) ·················· 小½個(100g)
ラム肉(あれば・骨付き・ひと口大に切る) ···· 500g
パウダースパイス／パーマネントミックス
　●コリアンダー ····················· 小さじ5
　●カルダモン ······················ 小さじ1
　●レッドチリ ······················· 小さじ1
　●ターメリック ····················· 小さじ1
塩 ································· 小さじ1強
スイートチリソース ················· 小さじ2
赤ピーマン(小さめの乱切り) ······· 大½個(100g)
タイム ····························· 適量
水 ······························· 300ml

【下準備】
水以外のすべての材料を鍋に入れ、よく混ぜ合わ
せて30分ほどマリネする。

【作り方】
材料の入った鍋に水を注ぎ、ふたをして弱めの中
火で15分ほど煮て、ごく弱火にしてさらに45分
ほど煮込む。

煮込み前／**1,085g**

完成／**891g**

SPICE BLEND

パーマネントミックス

SPICE PENTAGON

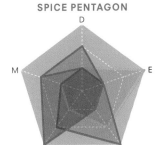

D
M
E
F
R

──コリアンダー
──カルダモン
──レッドチリ
──ターメリック

煮込みバラバラ

エスニックチキンカレー

インドオリエンテッドなチキンカレーの隠し味にナン
プラーを使うのがマイブームだ。どことなくエスニッ
クな感じが出て、それが味わい深い。

ハンズオンしたくなったら

鍋に油を熱し、ホールスパイスとにんにく、
しょうが、玉ねぎを加えて炒める。続いて鶏
肉とパウダースパイスを加えて炒める。香ば
しい香りが立ってきたら、残りのすべての材
料を加えて肉がやわらかくなるまで煮る。

▶ 応用パターンB：強火で煮立ててからふたをする

【材料】4人分

植物油 ……………………………… 大さじ3
ホールスパイス
　● クミンシード ……………………… 小さじ1
　● マスタード ………………………… 小さじ½
　● カレーリーフ(あれば) ……………… 25枚
にんにく(たたきつぶす) ………………… 1片
しょうが(千切り) ………………………… 2片
玉ねぎ(薄めのくし形切り) ……… 小1個(200g)
鶏手羽先(先を切り落とす) ……………… 400g
パウダースパイス／オーディナリーミックス
　● コリアンダー ……………………… 小さじ4
　● パプリカ …………………………… 小さじ2
　● ターメリック …………………… 小さじ1と½
　● レッドチリ ………………………… 小さじ½
塩 …………………………………… 小さじ½
大根(薄めの乱切り) ……………………… 200g
干し貝柱 ……………………………… 4個(10g)
ナンプラー …………………………… 大さじ1
水 …………………………………… 250mℓ

【作り方】
材料をすべて順に鍋に入れ、強火で煮立て、ふた
をして弱火にして45分ほど煮る。

煮込み前／**1,135g**

完成／**861g**

SPICE BLEND

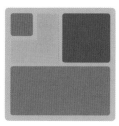

オーディナリーミックス

SPICE PENTAGON

—— コリアンダー
—— パプリカ
—— ターメリック
—— レッドチリ

煮込みパラパラ

鮭のアチャーリーカレー

アチャールというインドのピクルスがある。これは塩
辛くてオイリーで適度に酸味があって隠し味にいい。
肉にもいいが魚にもよく合う。

ハンズオンしたくなったら

鍋に油を熱し、スライスの玉ねぎを炒めてか
らすりおろしの玉ねぎとにんにく、しょうが
を炒める。パウダースパイスを混ぜ合わせ、
鮭以外のすべての材料を加えて煮立ててから
鮭を加えて火が通るまで煮る。

▶ 応用パターンB：強火で煮立ててからふたをする

【材料】4人分
植物油(あればマスタード油) ………… 大さじ3
玉ねぎ(スライス) ……………… 小1個(100g)
玉ねぎ(すりおろし) ……………… 小½個(50g)
にんにく(すりおろし) ………………… 1片
しょうが(すりおろし) ………………… 1片
パウダースパイス／エモーショナルミックス
　●コリアンダー ……………………… 小さじ4
　●カルダモン ………………………… 小さじ2
　●フェンネル ……………………… 小さじ1と½
　●パプリカ …………………………… 小さじ½
塩 …………………………………………… 小さじ½
ミックスアチャール ………………… 大さじ1
水 ………………………………………… 250mℓ
ココナッツミルク ……………………… 50mℓ
鮭(切り身・ひと口大に切る) ………… 400g

【作り方】
材料をすべて順に鍋に入れ、強火で煮立て、ふた
をして弱火にして15分ほど煮る。

煮込み前／**1,000g**

完成／**840g**

SPICE BLEND

エモーショナルミックス

SPICE PENTAGON

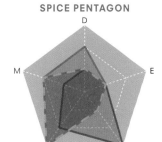

──── コリアンダー
──── カルダモン
──── フェンネル
──── パプリカ

煮込みバラバラ

野菜のタジン風カレー

モロッコを訪れたとき、どこへ行ってもタジンを食べまくった。あれは紛れもなく煮込み料理。野菜とスパイスの組み合わせはなかなかのもの。

ハンズオンしたくなったら

鍋に油を熱し、マリネした鶏肉をマリネ液ごと加えて、鶏肉の表面全体が色づくまで炒める。その他の材料をすべて加えてグツグツと煮立てる。ふたをして弱火にして、すべての材料に火が通るまで煮る。

▶ 応用パターンB：強火で煮立ててからふたをする

【材料】4人分
植物油……………………………………大さじ3
鶏もも肉(小さめのひと口大に切る)…………200g
マリネ用
　●にんにく(みじん切り)………………… 1片
　●しょうが(すりおろし)………………… 1片
　●塩………………………………… 小さじ1強
　●パセリ(細かいみじん切り)…………… 適量
パウダースパイス／ノスタルジックミックス
　●クミン………………………… 小さじ4
　●フェヌグリーク…………… 小さじ1と½
　●ターメリック…………… 小さじ1と½
　●ブラックペッパー………………… 小さじ1
フライドオニオン…………………………… 30g
にんじん(薄めの乱切り)…………… 1本(100g)
じゃがいも(薄めの乱切り)………… 1個(150g)
ズッキーニ(乱切り)……………… 1本(100g)
トマト(ざく切り)………………… 大1個(200g)
レモン(厚めの輪切り)…………………… 1切れ
サフラン(あれば)……………………… ひとつまみ
鶏ガラスープ(なければ水)……………… 200㎖
ローリエ…………………………………… 1枚

【下準備】
鶏肉とマリネの材料、パウダースパイスを加えて混ぜ
合わせて30分ほどマリネする。

【作り方】
鍋に材料を上から順に加えて強火で煮立て、ふた
をして弱火にして45分ほど煮る。

煮込み前／**1,210g**

完成／**860g**

SPICE BLEND

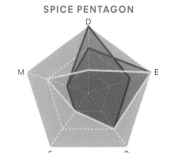

ノスタルジックミックス

SPICE PENTAGON

――― クミン
――― フェヌグリーク
――― ターメリック
――― ブラックペッパー

煮込みバラバラ

101

レンズ豆のホットカレー

アメリカ・テキサス州で生まれたと言われるチリコンカンをちょっと辛口のカレーに。挽き肉と豆の相性のよさにクミンが強めに香る一皿。

ハンズオンしたくなったら

鍋に油を熱し、にんにくと玉ねぎ、セロリを加えて全体がキツネ色になるまで炒める。挽き肉とパウダースパイス、塩を加えて肉に火が通るまで炒める。残りのすべての材料を加えて煮立て、ふたをして煮る。

▶ 応用パターンB：強火で煮立ててからふたをする

【材料】4人分

植物油 ……………………………………… 大さじ 3
にんにく（みじん切り）…………………… 1 片
玉ねぎ（みじん切り）……………… 小½個（100g）
セロリ（みじん切り）……………………… ½ 本
牛挽き肉（粗挽き）………………………… 150g
パウダースパイス／
　フューチャリスティックミックス
　● クミン ………………………………… 小さじ 4
　● フェヌグリーク ……………… 小さじ 1 と ½
　● マスタード ……………………… 小さじ 1 と ½
　● レッドチリ …………………………… 小さじ 1
塩 ………………………………………… 小さじ 1 強
トマトピューレ ………………………… 大さじ 4
ブラックビーンズ（またはムング豆）
　　缶（煮汁ごと）………………………… 400g
水 ………………………………………… 100mℓ
ビール …………………………………… 100mℓ
ピーマン（みじん切り）……………… 2 個（50g）
ローリエ ………………………………… 1 枚

【作り方】

鍋に材料を上から順に加えて強火で煮立て、ふた
をして弱火にして45分ほど煮る。

煮込み前／**1,000g**

完成／**881g**

SPICE BLEND

フューチャリスティックミックス

SPICE PENTAGON

　── クミン
　── フェヌグリーク
　── マスタード
　── レッドチリ

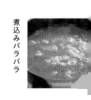

煮込みパラパラ

スリランカンチキンカレー

ハンズオフカレーの本拠地（？）と言っていいかもしれないスリランカスタイルのカレー。ローステッドカレーパウダーの香りがキーポイント。

ハンズオンしたくなったら

鍋に油とホールスパイスを熱し、にんにくとしょうが、玉ねぎを加えて炒める。鶏肉とパウダースパイスを加えて炒め、トマトピューレとカレーパウダーを混ぜ合わせ、その他すべての材料を加えて煮込む。

▶ 応用パターンC：ふたをして蒸し焼きにし、加水する

【材料】4人分

植物油 ……………………………… 大さじ 3
ホールスパイス
　●マスタード ……………………… 小さじ½
　●クミン …………………………… 小さじ½
　●カレーリーフ（あれば）……… 20〜25枚ほど
にんにく（みじん切り）………………… 1片
しょうが（みじん切り）………………… 1片
玉ねぎ（ざく切り）……………… ½個(125g)
トマトピューレ ………………… 大さじ 2 (30g)
鶏もも肉（ひと口大に切る）………………500g
パウダースパイス／コンテンポラリーミックス
　●クミン …………………………… 小さじ 4
　●カルダモン ……………………… 小さじ 2
　●マスタード ……………………… 小さじ 1
　●ターメリック …………………… 小さじ 1
ローステッドカレーパウダー ………… 小さじ 2
塩 …………………………………… 小さじ 1 強
パンダンリーフ …………………………… 適量
鶏ガラスープ（なければ水）………… 250㎖
ココナッツミルク ……………………… 100㎖

【作り方】

スープとココナッツミルク以外のすべての材料を
上から順に鍋に入れていき、ふたをして中火で蒸
し焼きにする。ふたを開けてスープとココナッツ
ミルクを注いで煮立て、ふたをしてごく弱火で15
分ほど煮る。

煮込み前／**1,015g**

完成／**936g**

SPICE BLEND

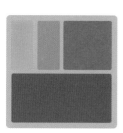

コンテンポラリーミックス

SPICE PENTAGON

D
M
E
F
R

── クミン
── カルダモン
── マスタード
── ターメリック

煮込みパラパラ

あさりと豚肉のカレー

肉も魚介類も野菜も全部一緒に。ポルトガル
に行ったとき、アレンテージョという煮込み
の自由さに感激。カレーにしてみたくなった。

ハンズオンしたくなったら

鍋にオリーブ油を熱し、玉ねぎを加えて炒め、
にんにくと赤パプリカを加えて炒める。豚肉
とパウダースパイス、塩を加えて炒める。白
ワインを注いで煮立て、その他すべての材料
を加えて煮立て、ふたをして煮る。

▶ 応用パターンC：ふたをして蒸し焼きにし、加水する

【材料】4人分

オリーブ油	大さじ3
にんにく(すりおろし)	1片
赤パプリカ(すりおろし)	½個(60g)
玉ねぎ(くし形切り)	1個(250g)
豚バラ肉(スライス)	150g

パウダースパイス／スタンダードミックス

●コリアンダー	小さじ3
●クミン	小さじ3
●パプリカ	小さじ1
●ターメリック	小さじ1
塩	小さじ1弱
アンチョビ	4枚(10g)
じゃがいも(小さめのひと口大に切る)	2個(300g)
アサリ(水煮・煮汁ごと)	1缶(130g)
レモン	½個
パクチー(ざく切り)	1束
白ワイン	100mℓ
水	200mℓ

【作り方】

白ワインと水以外のすべての材料を上から順に鍋に入れていき、ふたをして中火で蒸し焼きにする。ふたを開けて白ワインと水を注いで煮立て、ふたをして弱火で30分ほど煮る。

煮込み前／**1,116g**

完成／**892g**

SPICE BLEND

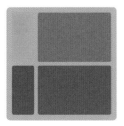

スタンダードミックス

SPICE PENTAGON

D
M
E
F
R

―― コリアンダー
―― クミン
―― パプリカ
―― ターメリック

煮込みバラバラ

まいたけの赤ワインカレー

牛肉ときのこの相性はもともといいのだけれど、そこに赤ワインが加わるとさらにパワーアップ。クミンの香りを基調としたカレーに。

ハンズオンしたくなったら

鍋に油を熱し、にんにくとセロリを加えてさっと炒める。牛肉とパウダースパイス、塩を加えて肉の表面全体が色づくまで炒める。赤ワインを注いでグツグツ煮立て、その他の材料を加えて肉がやわらかくなるまで煮る。

▶ 応用パターンC：ふたをして蒸し焼きにし、加水する

【材料】4人分

植物油 ……………………………… 大さじ3
にんにく（つぶす） ………………………… 1片
フライドオニオン ………………………… 30g
セロリ（細かいみじん切り） ………… ⅕本（30g）
パウダースパイス／ロジカルミックス
　● クミン …………………………… 小さじ3
　● カルダモン ……………………… 小さじ2
　● パプリカ ………………………… 小さじ1と½
　● ターメリック ………………… 小さじ1と½
塩 ……………………………………… 小さじ1強
牛肩ロース肉（小間切れ） ………………… 150g
じゃがいも（乱切り） ……………… 小2個（350g）
まいたけ（小房に分ける） ……… 2パック（200g）
タイム ……………………………………… 適量
赤ワイン ………………………………… 150mℓ
鶏ガラスープ（なければ水） ………………… 100mℓ

【作り方】

赤ワインとスープ以外のすべての材料を上から順
に鍋に入れていき、ふたをして中火で蒸し焼きに
する。ふたを開けて赤ワインとスープを注いで煮
立て、ふたをして弱火で30分ほど煮る。

煮込み前／**1,102g**

完成／**852g**

SPICE BLEND

ロジカルミックス

SPICE PENTAGON

　　　　D
M　　　　　　E

F　　　　　R

───クミン
───カルダモン
───パプリカ
───ターメリック

煮込みパラパラ

グズグズチキンカレー

やわらかく煮込まれた鶏肉がスパイスと相まって特別な食感と味わいを生み出す。モロモロとかホロホロとかクタクタとか悩んだけど、グズグズ。

ハンズオンしたくなったら

鍋に油とホールスパイスを熱し、玉ねぎを加えてキツネ色になるまで炒め、にんにくとしょうが、トマト、パウダースパイス、塩を加えて炒める。その他すべての材料を加えてふたをして煮て、最後に煮詰める。

▶ 応用パターンD：後半にふたを開けて煮詰める

【材料】4人分
植物油 ……………………………………… 大さじ4
ホールスパイス
　● コリアンダー …………………… 小さじ2弱
玉ねぎ(スライス) …………………… ½個(125g)
にんにく(すりおろし) …………………… 1片
しょうが(すりおろし) …………………… 1片
トマト(粗みじん切り) …………… 1個(200g)
パウダースパイス／ノスタルジックミックス
　● クミン …………………………… 小さじ4
　● フェヌグリーク ……………… 小さじ1と½
　● ターメリック ………………… 小さじ1と½
　● ブラックペッパー ……………… 小さじ1
塩 …………………………………………… 小さじ½
しょう油 ………………………………… 大さじ1強
鶏手羽中 ……………………………………… 200g
ひよこ豆(煮汁ごと) …………………… 1缶(400g)
水 …………………………………………… 100mℓ

【作り方】
鍋に材料を上から順にすべて入れ、ふたをして弱
めの中火で45分ほど煮て、ふたを開けて火を強め、
全体を混ぜ合わせながら5分ほど煮詰める。

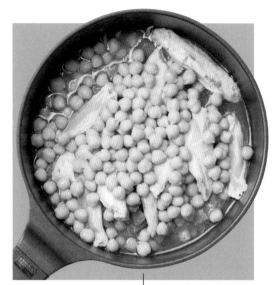

煮込み前／**1,145g**

完成／**804g**

SPICE BLEND

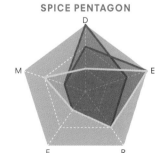

ノスタルジックミックス

SPICE PENTAGON

D
M
E
F
R

―― クミン
―― フェヌグリーク
―― ターメリック
―― ブラックペッパー

煮込みバラバラ

ドライビーンキーマカレー

インドのキーママターという挽き肉のカレーには旬のグリーンピースがどっさり。そんなふうに豆をおいしく食べるためにカレーにする感覚。

ハンズオンしたくなったら

鍋に油とホールスパイスを熱し、玉ねぎを加えてキツネ色になるまで炒め、にんにくとしょうがを加えて炒め、パウダースパイスとココナッツファイン、塩を加えて炒める。残りすべての材料を加えて煮て、煮詰める。

▶ 応用パターンD：後半にふたを開けて煮詰める

【材料】4人分

植物油 ……………………………… 大さじ3
ホールスパイス
　●マスタードシード ……………… 小さじ1
　●レッドチリ ……………………… 2本
玉ねぎ（2cm角に切る）…………… 小1個(200g)
塩 …………………………………… 小さじ1強
にんにく（すりおろし）…………… 大1片
しょうが（すりおろし）…………… 大1片
ココナッツファイン ……………………… 15g
パウダースパイス／パーマネントミックス
　●コリアンダー …………………… 小さじ5
　●カルダモン ……………………… 小さじ1
　●レッドチリ ……………………… 小さじ1
　●ターメリック …………………… 小さじ1
鶏もも挽き肉 ……………………………… 200g
豚挽き肉 …………………………………… 200g
グリーンピース（水煮）………………… 60g
いんげん（1cm幅に切る）…………… 20本(100g)
枝豆 ………………………………………… 100g
水 …………………………………………… 150ml

【作り方】

鍋に材料を上から順にすべて入れ、ふたをしてご
く弱火で30分ほど煮る。ふたを開けて火を強め、
全体を混ぜ合わせながら煮詰める。

煮込み前／**1,137g**

完成／**851g**

SPICE BLEND

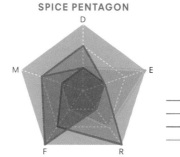

パーマネントミックス

SPICE PENTAGON

—— コリアンダー
—— カルダモン
—— レッドチリ
—— ターメリック

煮込みパラパラ

ペッパービーフカレー

基本的にペッパーは長時間の加熱に向いていないスパイスだが、そんなセオリーを払拭してくれるような風味豊かなカレー。おいしければよい。

ハンズオンしたくなったら

鍋に油とホールスパイスを熱し、玉ねぎを加えてキツネ色になるまで炒める。にんにくとしょうがを加えて炒め、水以外のすべての材料を加えて肉の表面全体が色づくまで炒める。水を注いで煮立て、煮る。

▶ 応用パターンD：後半にふたを開けて煮詰める

【材料】4人分

植物油 ……………………………… 大さじ3

ホールスパイス
- ●カルダモン ……………………… 4粒
- ●クローブ ………………………… 6粒
- ●シナモン ………………………… ½本

玉ねぎ(くし形切り) …………… 大½個(150g)

にんにく(すりおろし) ……………… 大1片

しょうが(すりおろし) ……………… 2片

トマトピューレ …………………… 大さじ3

パウダースパイス／アブノーマルミックス
- ●クミン …………………………… 小さじ3
- ●コリアンダー …………………… 小さじ2
- ●ブラックペッパー ………… 小さじ1と½
- ●フェンネル ……………… 小さじ1と½

塩 ………………………………… 小さじ1強

牛バラ肉(小さめのひと口大に切る) ……… 600g

水 ………………………………… 400mℓ

バジル(ざく切り) ………………… 適量

【作り方】

鍋に材料を上から順にすべて入れ、ふたをしてごく弱火で60分ほど煮る。ふたを開けて火を強め、全体を混ぜ合わせながら煮詰める。

煮込み前／**1,340g**

完成／**746g**

SPICE BLEND

アブノーマルミックス

SPICE PENTAGON

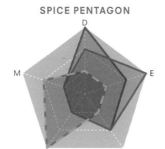

―― クミン
―― コリアンダー
―― ブラックペッパー
―― フェンネル

煮込みバラバラ

キドニー豆のクリーミーカレー

インドにあるダールマッカーニという乳製品を主体と
して作る豆料理がベース。すっきりした味わいにし、
さわやかなスパイスをきかせたカレー。

ハンズオンしたくなったら

鍋にギーを熱し、玉ねぎを加えて炒め、にん
にくとしょうがを加えて炒める。トマトを加
えて水分がキッチリ飛ぶまで炒め、パウダー
スパイスと塩を混ぜ合わせる。その他すべて
の材料を加えて煮立て、煮る。

▶ 応用パターンE：仕上げに野菜やハーブを混ぜる

【材料】4人分

ギー（またはバター） ……………………………50g
玉ねぎ（みじん切り） ………………小1個(200g)
にんにく（すりおろし） ……………………… 1片
しょうが（すりおろし） ……………………… 1片
トマト（ざく切り） …………………… 1個(200g)
パウダースパイス／エモーショナルミックス
　●コリアンダー …………………………小さじ4
　●カルダモン …………………………… 小さじ2
　●フェンネル ……………………… 小さじ1と½
　●パプリカ ………………………………小さじ½
塩 ………………………………………………小さじ½
アチャール ……………………………………大さじ1
レッドキドニー（水煮・煮汁ごと） …………400g
砂糖 ……………………………………………小さじ2
仕上げ用
　●生クリーム …………………………… 100㎖
　●カスリメティ ………………………………適量

【作り方】

鍋に仕上げ用の材料以外のすべての材料を上から
順にすべて入れ、ふたをして弱めの中火で30分ほ
ど煮る。ふたを開けて生クリームとカスリメティ
を加えて混ぜ合わせる。

煮込み前／**940g**

完成／**846g**

SPICE BLEND

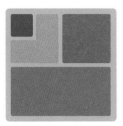

エモーショナルミックス

SPICE PENTAGON

―― コリアンダー
―― カルダモン
―― フェンネル
―― パプリカ

煮込みバラバラ

117

7種の野菜カレー

なんだかんだ言って、野菜や豆に最も相性の
いいスパイスはクミンだと思う。クミンを
どっさり使った配合で、野菜をどっさり味わ
うカレー。

ハンズオンしたくなったら

鍋にオリーブ油を熱し、じゃがいもとにんじ
ん、かぼちゃを加えて炒め、かぶとズッキー
ニを加えて炒める。パウダースパイスと塩を
加えて炒め、トマトを加えて炒め、その他す
べての材料を加えて煮立て、煮る。

▶ 応用パターンE：仕上げに野菜やハーブを混ぜる

【材料】4人分

オリーブ油 ……………………………… 大さじ4
フライドオニオン ……………………………… 30g
パウダースパイス／コンテンポラリーミックス
　●クミン ……………………………… 小さじ4
　●カルダモン ……………………………… 小さじ2
　●マスタード ……………………………… 小さじ1
　●ターメリック ……………………………… 小さじ1
塩 ……………………………………………… 小さじ1強
かぶ（乱切り） ……………………… 大2個（100g）
じゃがいも（乱切り） ……………… 小1個（100g）
にんじん（乱切り） ………………… 小1本（100g）
ズッキーニ（乱切り） ……………… 1本（100g）
トマト（2cm角切り） ……………… 2個（300g）
かぼちゃ（乱切り） ………………… 小⅛個（100g）
鶏ガラスープ（なければ水） ……………… 150㎖
サフラン（あれば） ……………………… ひとつまみ
仕上げ用
　●レーズン ……………………………… 15粒（16g）
　●オリーブ ……………………………… 12個（36g）

【作り方】

鍋に仕上げ用の材料以外のすべての材料を上から
順にすべて入れ、ふたをして弱火で30分ほど煮る。
ふたを開けてレーズンとオリーブを加えて混ぜ合
わせる。

煮込み前／**1,179g**

完成／**908g**

SPICE BLEND

コンテンポラリーミックス

SPICE PENTAGON

D
M
E
F
R

クミン
カルダモン
マスタード
ターメリック

煮込みパラパラ

野菜の赤いポトフカレー

ポトフのような組み合わせだが、ビーツとサワークリームが入ってボルシチのようでもある。しかし、スパイスがしっかりきいて仕上がりはカレーに。

ハンズオンしたくなったら

鍋に油とソーセージを入れてふたをして火にかける。蒸し焼き状態でソーセージの表面をこんがり焼き、ふたを開けてじゃがいもとパウダースパイスを加えて混ぜ、仕上げ用以外のすべての材料を加えて煮る。

▶ 応用パターンE：仕上げに野菜やハーブを混ぜる

【材料】4人分

植物油 ……………………………… 大さじ1
ソーセージ（2cm幅に切る）……… 大3本(180g)
パウダースパイス／ドラマチックミックス
　●コリアンダー …………………… 小さじ4
　●ブラックペッパー ………… 小さじ1と½
　●レッドチリ ………………… 小さじ1と½
　●フェヌグリーク ………………… 小さじ1
塩 …………………………………… 小さじ1強
砂糖 ………………………………… 小さじ1
干し貝柱 ……………………………… 4個(10g)
ビーツ（薄めの乱切り）…………… ½缶(200g)
じゃがいも（乱切り）……………… ½個(100g)
鶏ガラスープ（なければ水）…………… 300㎖
キャベツ（適当にちぎる）………… ¼個(200g)
仕上げ用
　●バター ……………………………… 30g
　●サワークリーム ……………………… 45g
　●ディル …………………………………… 適量

【作り方】
鍋に仕上げ用の材料以外のすべての材料を上から
順にすべて入れ、ふたをして弱めの中火で30分
ほど煮る。ふたを開けてバター、サワークリーム
とディルを加えて混ぜ合わせる。

煮込み前／**1,116g**

完成／**852g**

SPICE BLEND

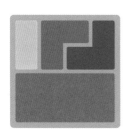

ドラマチックミックス

SPICE PENTAGON

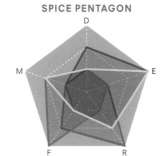

―― コリアンダー
―― ブラックペッパー
―― レッドチリ
―― フェヌグリーク

煮込みパラパラ

121

無水ローストチキンカレー

ヨーグルトとトマトという、カレーのうま味のベースになるアイテムをたっぷり使い、水分を引き出して鶏肉を煮込む。水を使わないカレー。

ハンズオンしたくなったら

鍋に油を熱し、玉ねぎを加えてうっすら色づくまで炒める。にんにくとしょうがを加えて炒め、鶏肉を加えて表面全体が色づくまで炒める。パウダースパイスを混ぜ、その他すべての材料を加えてふたをして煮る。

▶ 応用パターンF：玉ねぎ炒めだけがんばる

【材料】4人分
植物油 ……………………………… 大さじ3
玉ねぎ(みじん切り) …………… 大1個(300g)
鶏もも肉(ひと口大に切る) ………………… 500g
マリネ用
　●プレーンヨーグルト ………………… 100g
　●塩 ……………………………… 小さじ1強
　●にんにく(すりおろし) ………………… 1片
　●しょうが(すりおろし) ………………… 1片
　●ローステッドカレーパウダー …… 小さじ1強
パウダースパイス／ロジカルミックス
　●クミン ………………………… 小さじ3
　●カルダモン ……………………… 小さじ2
　●パプリカ ……………………… 小さじ1と½
　●ターメリック ………………… 小さじ1と½
トマト(ざく切り) ………………… 2個(400g)

【下準備】
鶏もも肉とマリネ用の材料、パウダースパイスをよく
混ぜて30分ほどマリネする(できればひと晩)。

【作り方】
鍋に油を熱し、玉ねぎを加えて強めの中火でキツ
ネ色になるまで炒める。その他の材料を上から順
に加えてふたをし、弱めの中火で45分ほど煮る。

煮込み前／**1,184g**

完成／**883g**

SPICE BLEND

ロジカルミックス

SPICE PENTAGON

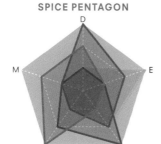

―― クミン
―― カルダモン
―― パプリカ
―― ターメリック

煮込みパラパラ

イエローフィッシュカレー

タイ風イエローカレーはカレー粉を使って作ることができる。昔ながらのカレー粉を彷彿とさせるミックスで淡白な白身魚を風味豊かに。

ハンズオンしたくなったら

鍋に油を熱し、玉ねぎを加えてこんがりキツネ色（タヌキ色）になるまで炒める。にんにくとしょうが、パウダースパイスを加えてさっと炒め合わせ、その他すべての材料を加えて煮る。たらとエビは最後でもいい。

▶ 応用パターンF：玉ねぎ炒めだけがんばる

【材料】4人分
植物油 ····························· 大さじ3
玉ねぎ（スライス）··················· 1個(250g)
エビ（あれば有頭・背ワタを取る）······· 4尾(150g)
たら（ひと口大に切る）··············· 300g
マリネ用
　●レモン汁 ························ ½個分
　●塩 ····························· 小さじ½
　●にんにく（すりおろし）············ 1片
　●しょうが（すりおろし）············ 1片
パウダースパイス／ノスタルジックミックス
　●クミン ·························· 小さじ4
　●フェヌグリーク ·················· 小さじ1と½
　●ターメリック ··················· 小さじ1と½
　●ブラックペッパー ················ 小さじ1
ナンプラー ························· 大さじ2
砂糖 ······························ 小さじ2
ココナッツミルク ··················· 100mℓ
水 ································ 250mℓ
こぶみかんの葉（あれば）············· 適量

【下準備】
たらとマリネ用の材料をよく混ぜて30分ほどマ
リネする。

【作り方】
鍋に油を熱し、玉ねぎを加えて強めの中火でキツ
ネ色になるまで炒める。その他の材料を上から順
に加えてふたをし、20分ほど煮る。

煮込み前／**1,007g**

完成／**829g**

SPICE BLEND

ノスタルジックミックス

SPICE PENTAGON

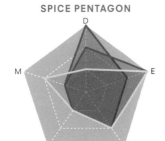

―― クミン
―― フェヌグリーク
―― ターメリック
―― ブラックペッパー

煮込みバラバラ

カリフラワーのバジルカレー

ベーコンのスモーキーな香りとカリフラワーがよく合う。そこに負けないように、ということでクミンをきかせた配合とバジルで香りづけ。

ハンズオンしたくなったら

鍋に油とホールスパイスを熱し、玉ねぎを加えてキツネ色になるまで炒める。パウダースパイスを加えてさっと炒め合わせ、生クリーム以外のすべての材料を加えて煮る。生クリームを加えてさっと煮る。

▶ 応用パターンF：玉ねぎ炒めだけがんばる

【材料】4人分
オリーブ油 ……………………………… 大さじ3
玉ねぎ(みじん切り) ……………… 1個(250g)
ホールスパイス
　●クミン ……………………………… 小さじ1
スモークベーコン(スライス・5cm幅に切る)
……………………………………………100g
カリフラワー(小房に分ける) ……… ½個(350g)
パウダースパイス／
　フューチャリスティックミックス
　●クミン …………………………… 小さじ2
　●フェヌグリーク ………………… 小さじ1弱
　●マスタード ……………………… 小さじ1弱
　●レッドチリ ……………………… 小さじ½
塩 ………………………………………… 小さじ1強
ピューレ用
　●スイートバジル ………… 2パック分(40g)
　●セロリ ………………………… ¼本(50g)
鶏ガラスープ(なければ水) ……………… 250㎖
生クリーム ……………………………… 50㎖
ローズマリー …………………………… 2本

【下準備】
バジルはスープ(または水)と一緒にミキサーで
ピューレ状にしておく。

【作り方】
鍋に油を熱し、玉ねぎを加えて強めの中火でキツ
ネ色になるまで炒める。その他の材料を上から順
に加えてふたをし、弱めの中火で20分ほど煮る。

煮込み前／**982g**

完成／**867g**

SPICE BLEND

フューチャリスティックミックス

SPICE PENTAGON

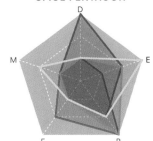
── クミン
── フェヌグリーク
── マスタード
── レッドチリ

煮込みバラバラ

127

チキンスープカレー（B×E）

札幌で生まれたスープカレーが昔から大好き。だから、あの感じをハンズオフカレーで再現。スパイスと各種隠し味の組み合わせが成せる味わい。

ハンズオンしたくなったら

鍋に油を熱し、鶏肉を加えて表面全体が色づくまで炒める。にんにくとしょうがを加えて香ばしい香りが立つまで炒める。パウダースパイスを加えて混ぜ合わせる。その他すべての材料を加えてふたをして煮る。

▶ 応用パターンG：複数パターンを組み合わせる

【材料】4人分

植物油 ……………………………… 大さじ4
フライドオニオン ……………………… 30g
にんにく（すりおろし）…………………… 1片
しょうが（すりおろし）…………………… 1片
トマトピューレ …………………………… 大さじ4
パウダースパイス／ロジカルミックス
　●クミン …………………………… 小さじ3
　●カルダモン ……………………… 小さじ2
　●パプリカ ………………………… 小さじ1と½
　●ターメリック …………………… 小さじ1と½
骨付き鶏もも肉（関節で半分に切る）
…………………………………… 小4本（600g）
にんじん（4等分に乱切り）……… 小2本（150g）
塩 ……………………………………… 小さじ1強
ナンプラー ………………………………… 小さじ1
だし粉 ……………………………………… 小さじ¼
砂糖 ………………………………………… 小さじ1
鶏ガラスープ …………………………… 600ml
ドライバジル ……………………………… 適量

【作り方】

鍋にドライバジル以外のすべての材料を上から順
に入れて強火で煮立てる。ふたをしてごく弱火で
60分ほど煮る。ふたを開けてドライバジルを混
ぜ合わせる。

煮込み前／**1,539g**

完成／**1,222g**

SPICE BLEND

ロジカルミックス

SPICE PENTAGON

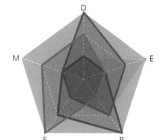

── クミン
── カルダモン
── パプリカ
── ターメリック

煮込みパラパラ

骨付きマトンのカレー（A×F）

煮込みカレーではなく、カレー煮込み。すなわち汁気
はかなり少なめに仕上げる。インド・ビハール州の
チャンパランマトンという料理をイメージ。

ハンズオンしたくなったら

鍋に油とホールスパイスを熱し、みじん切り
の玉ねぎを加えてキツネ色になるまで炒める。
すりおろしの玉ねぎとにんにく、しょうがを
加えてさらに炒め、水以外のすべての材料を
加えて炒め、水を注いで煮る。

▶ 応用パターンG：複数パターンを組み合わせる

【材料】4人分

植物油（あればマスタード油）············· 大さじ 4

玉ねぎ（みじん切り）···················· ½個(125g)

玉ねぎ（すりおろし）···················· ½個(125g)

ホールスパイス

● ブラックペッパー ················· 小さじ 2

● シナモン ·························· ½本

にんにく（すりおろし）···················· 2片

しょうが（すりおろし）···················· 2片

マトン（あれば骨付き）···················· 600g

グリーンチリ（あれば・縦半分に切る）········ 2本

パウダースパイス／スタンダードミックス

● コリアンダー ····················· 小さじ 3

● クミン ··························· 小さじ 3

● パプリカ ························· 小さじ 1

● ターメリック ····················· 小さじ 1

塩 ···································· 小さじ 1 強

水 ···································· 450mℓ

【作り方】

鍋に油を熱し、みじん切りの玉ねぎを加えてキツ
ネ色になるまで炒め、続いてすりおろしの玉ねぎ
を加えてキツネ色になるまで炒める。その他のす
べての材料を加えて鍋中をよく混ぜ合わせ、ふた
をして弱めの中火で45分ほど煮る。

煮込み前／**1,366g**

完成／**810g**

SPICE BLEND

スタンダードミックス

SPICE PENTAGON

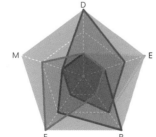

── コリアンダー
── クミン
── パプリカ
── ターメリック

煮込みバラバラ

ポテトとオクラのカレー (C×D)

アメリカ・ルイジアナ州の郷土料理にガンボという
スープがある。オクラが主役のこの料理を煮詰めてご
はんに合うカレーにアレンジ。

ハンズオンしたくなったら

鍋にバターとホールズパイスを熱し、にんに
くと玉ねぎ、セロリを加えて炒め、ピーマン
とパウダースパイス、塩を加えて炒める。そ
の他すべての材料を加えてざっと混ぜ合わせ
て煮立て、ふたをして弱火で煮る。

▶ 応用パターンG：複数パターンを組み合わせる

【材料】4人分

バター …………………………………… 50g

ホールスパイス

● ブラックペッパー ……………… 小さじ1

● クミン ………………………………… 小さじ½

にんにく（みじん切り）………………… 1片

玉ねぎ（みじん切り）…………… 小½個（100g）

セロリ（みじん切り）……………… ½個（50g）

ピーマン（みじん切り）………………… 2個（45g）

パウダースパイス／パーマネントミックス

● コリアンダー ………………… 小さじ5

● カルダモン ……………………… 小さじ1

● レッドチリ ……………………… 小さじ1

● ターメリック …………………… 小さじ1

塩 ……………………………………… 小さじ1強

じゃがいも（1cm角に切る）………… 小1個（100g）

にんじん（1cm角に切る）………… 小½本（100g）

オクラ（1cm幅に切る）………………… 30本（200g）

あさり（水煮・煮汁ごと）……………… 1缶（130g）

ドライバジル ………………………………… 少々

鶏ガラスープ ………………………………… 250ml

【作り方】

鍋にスープ以外のすべての材料を上から順に入れ、ふたをして蒸し焼きにする。ふたを開けてスープを注ぎ、再びふたをして弱めの中火で15分ほど煮る。ふたを開けて火を強め、煮詰めるように水分を飛ばす。

煮込み前／**1,060g**

完成／**770g**

SPICE BLEND

パーマネントミックス

SPICE PENTAGON

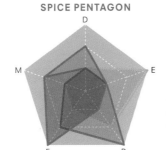

D

M

E

F

R

―― コリアンダー
―― カルダモン
―― レッドチリ
―― ターメリック

煮込みパラパラ

チキンビリヤニ

インドでは「パッキ式」と呼ばれる手法で、一度カレーを作ってからゆでた米を加えて炊く。トマトベースのうま味と油脂分のコクが魅力。

ハンズオンしたくなったら

鍋にギーを熱し、にんにくとしょうが、鶏肉を加えて炒める。パウダースパイスと塩を加えてさらに炒め、米以外のすべての材料を加えて煮る。鶏肉がやわらかくなったら、ゆでた米を加えてビリヤニを炊く。

▶ 応用パターンH：最後に米をのせて炊く

【材料】4人分

ギー（またはバター）································· 60g
フライドオニオン··································· 30g
にんにく（すりおろし）······························ 2片
しょうが（すりおろし）······························ 2片
骨付き鶏もも肉（ぶつ切り）························ 500g
パウダースパイス／スタンダードミックス
　●コリアンダー································· 小さじ3
　●クミン······································· 小さじ3
　●パプリカ····································· 小さじ1
　●ターメリック································· 小さじ1
塩··· 小さじ1と½
トマトピューレ································· 大さじ3
パクチー（ざく切り）······························ 適量
ミント（ざく切り）································ 適量
水··· 300㎖
ビリヤニ用
　●バスマティ米································· 300g
　●米をゆでる水······························· 1500㎖
　●塩··· 15g

【下準備】
米はざっと洗ってたっぷりの水に20分ほどつけてざるにあげ
ておく。

【作り方】
鍋にビリヤニ用の材料以外のすべての材料を加えてふたをし、
弱めの中火で30分ほど煮る。熱湯で7分ほどゆでた米をざる
にあげて湯を切り、鍋に加えてふたをする。一度強火で1分
30秒ほど煮立て（蒸気が強く上がるまで）、極弱火にして8分30
秒ほど炊く。火を止めてふたをしたまま10分ほど蒸らす。

SPICE BLEND

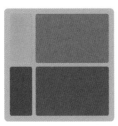

スタンダードミックス

SPICE PENTAGON

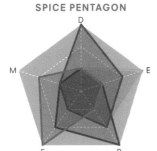

——— コリアンダー
——— クミン
——— パプリカ
——— ターメリック

煮込み前／**937g**

煮込み後／**780g**

炊く前／**1,680g**

完成／**1,394g**

マトンビリヤニ

インドでは「カッチ式」と呼ばれる手法で、
一度ヨーグルトでマリネした肉の上にゆでた
米を加えて炊く。乳脂肪分のコクが魅力。

ハンズオンしたくなったら

フライドオニオンを使わず、鍋にギーを熱し、
スライスした生玉ねぎ（200g）をこんがりキ
ツネ色（タヌキ色）になるまで炒める。一度
火を止めてマリネしたマトンを加えてざっと
混ぜ合わせ、ゆでた米を加えて炊く。

▶ 応用パターンH：最後に米をのせて炊く

【材料】4人分

マトン（骨なし・小さめのひと口大に切る）‥‥‥‥‥‥‥‥ 450g

マリネ用

  ● ヨーグルト ‥‥‥‥‥‥‥‥‥‥‥‥‥‥‥‥‥ 300g

  ● 塩 ‥‥‥‥‥‥‥‥‥‥‥‥‥‥‥‥‥‥‥ 小さじ 1 と ½

  ● にんにく（すりおろし）‥‥‥‥‥‥‥‥‥‥‥‥ 2 片

  ● しょうが（すりおろし）‥‥‥‥‥‥‥‥‥‥‥‥ 2 片

パウダースパイス／アブノーマルミックス

  ● クミン ‥‥‥‥‥‥‥‥‥‥‥‥‥‥‥‥‥ 小さじ 3

  ● コリアンダー ‥‥‥‥‥‥‥‥‥‥‥‥‥‥ 小さじ 2

  ● ブラックペッパー ‥‥‥‥‥‥‥‥‥‥‥ 小さじ 1 と ½

  ● フェンネル ‥‥‥‥‥‥‥‥‥‥‥‥‥‥ 小さじ 1 と ½

ギー ‥‥‥‥‥‥‥‥‥‥‥‥‥‥‥‥‥‥‥‥‥‥‥ 60g

フライドオニオン ‥‥‥‥‥‥‥‥‥‥‥‥‥‥‥‥‥ 30g

パクチー ‥‥‥‥‥‥‥‥‥‥‥‥‥‥‥‥‥‥‥‥ 適量

ミント ‥‥‥‥‥‥‥‥‥‥‥‥‥‥‥‥‥‥‥‥‥ 適量

ビリヤニ用

  ● バスマティ米 ‥‥‥‥‥‥‥‥‥‥‥‥‥‥‥ 300g

  ● 米をゆでる水 ‥‥‥‥‥‥‥‥‥‥‥‥‥‥ 1500㎖

  ● 塩 ‥‥‥‥‥‥‥‥‥‥‥‥‥‥‥‥‥‥‥‥‥ 15g

【下準備】

マトンとマリネ用の材料、パウダースパイスをよく混ぜ合わせて30分ほどマリネする（できればひと晩）。米はざっと洗ってたっぷりの水に20分ほどつけてざるにあげておく。

【作り方】

鍋にマリネしたマトンをマリネ液ごと入れ、フライドオニオンとパクチー、ミントを加えてざっと混ぜ、熱湯で4分ほどゆでた米をざるにあげて湯を切り、鍋に加えてふたをする。一度強火で3分ほど煮立て（蒸気が強く上がるまで）、極弱火にして17分ほど炊く。火を止めてふたをしたまま10分ほど蒸らす。

CHAPTER 4 — 応用パターンH

混ぜた後／**867g**

炊く前／**1,440g**

完成／**1,414g**

SPICE BLEND

アブノーマルミックス

SPICE PENTAGON

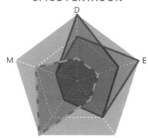

—— クミン
—— コリアンダー
—— ブラックペッパー
—— フェンネル

137

手触りのいいカウンターにIHクッキングヒーターがずらりと埋め込まれている。まるで月のクレーターのようだ。空いている席を選んで座り、メニューを開くとチキンカレーばかり100種類。こ、これ、いったい何人のシェフで作るの!?とカウンターキッチンに目をやるが、コックコートに身を包んだ人は見当たらない。

チキンカレーの77番を注文すると、どす黒いココット型の小さな鍋が目の前に設置された。傍らに置かれたタイマーは「60min」を表示。IHのスイッチが押され、カウントダウンが始まる。そう、ここはシェフ不在のカレー専門店。仕込みが要らない上にメニューは無限に増やすことができる。計算されたレシピに添って設定するだけで、1年365日、変わらぬ味を提供できるというわけ。店の名を「ハンズオフカレーショップ」という。なあんていうのは、今のところ、妄想の産物である。

吾輩はカレーである。名はまだない。この手法を思いついたとき、名前に悩んだ。手を触れないで作るのだから「ハンズオフ」に決めた。せっせと試作をしてハンズオフカレーという名前とともに発信する。評判は上々だったが、感想を伝えてくれる言葉に違和感があった。「ハンズフリーカレー、おいしくできました!」、「あのカレー、いいですよね、ハンズフリーの」。

僕が開発したのは、ハンズフリーカレーではない。ハンズオフカレーなのである。でも、割と多くの人がハンズフリーと言う。調べてみるとハンズフリーというのは携帯電話業界の造語らしい。まあいいか、ハンズフリーカレーでも。なんか自由なイメージもあるしね。

連載していたWEBサイトでもこの手法でレシピを紹介した。アップロードを担当する編集者が見出しにこう書いた。「材料を入れて煮込むだけ!ほったらかしチキンカレー」。い、いや、僕が開発したのは、ほったらかしカレーではない。ハンズオフカレーなのである。まあいいか。そっちはそっちでわかりやすそうだしね。

COLUMN 3

Hands off, 名前を付けたのは誰?

　名前を付けたのは僕だけれど、もっといいのが見つかったらそっちでもいいと思う。英語表現における「Hands off!」は、口語的な意味合いが強いそうだ。「ボクのキャンディに触んないで！（Hands off my candy!）」みたいな。ハンズオフカレーはもっとゆるい。「手を出したら負け」とか「触ったらおいしさ半減」なんてことはないのだから、ちょっとかき混ぜたくなったら木べらを持てばいい。ハンズオンしちゃえばいい。

　いろいろと調べてみると、ハンズオフって言葉は投資の世界でも使われるそうだ。ハンズオフは経営に直接的に関与しない。対して、ハンズオンは手を出し、口を出す。いま、世の中にあるすべてのカレー専門店は、ハンズオンカレーショップだということになるのかな。ハンズオフカレーショップは、まだ存在しない。あったらいいな。誰かやってください。

"炒める" とは、"煮込む" の予行演習
に他ならない。……なあんてね。

水野仁輔

There are no other ones in a rehearsal of
behavior with thought.

Sigmund Freud

CHAPTER 5

ハンズオフ
カレーの
テクニック

煮込みにおけるシェフとの対話

先日、札幌で料理教室をしてきたんです。そのときに、スープカレー店のシェフと話した内容が、煮込みについて非常に興味深いものだったんですよね。そもそもスープカレーって……。ハンズオフカレーで煮込みと向き合うにあたって参考になるテクニックがいろいろと出てきました。一緒に考えてみましょう。

煮込みの火加減

——スープカレーというのは、まず最初に「煮込み」のプロセスから始まるんですよね？ スープを取らなければなりませんから。

そうですね。完成までに何度か煮込むプロセスがあります。最初にチキンレッグを煮るとき、次に炒め玉ねぎにスープを混ぜるとき、それからスパイスを加えて煮るとき、最後にチキンレッグを戻して煮るとき。

——煮込むときの火加減は、目まぐるしく変える感じですか？

4回煮るときの火加減は、何か新しいものを加えて一度煮立てるとき以外はほとんどが中火です。表面がポコポコしている感じがマックス。これ以上は火を強めない。

——すると、その火加減で最もおいしさが生まれるということでしょうか？

鍋中に適度な対流が生まれておいしくなるんだと思います。煮込んでいる最中に確認しているのはスープの色味です。色で判断する。

——鍋の中は見えませんからね。表面しか見えない。中を混ぜたりしない限り、状態がつかめない。

ただ、かなり鍋中はかき混ぜますよ、早めにうま味を引き出したいので。

——確かにかく拌することで鍋中の素材と水分の融合が促進されるイメージはあります。早めに色もつきそう。濁りというか。煮込むときにふたを使いますか？

基本的にふたは使いません。火加減とふたをするかしないかは判断が難しいですけれどね。

——弱火にしてもふたをしたら圧力がかかりますから、中はボコボコを通り越してグラグラ煮立ってしまう可能性は高い。

そうですね、それによって素材の味はよく出るかもしれないけれど、素材自体は壊れやすくなる。

——チキンレッグがボロボロになってしまったら、スー

プカレーは台無しですもんね。

>> ［テクニック1．火加減＆加熱状態の表現について］へ（P146）

煮込みの温度

——煮込み途中の温度を計測したことがあるんですが、フツフツでもコトコトでもグラグラでも実は、温度はほとんど変わりません。

そうなんですか！ 僕たちは感覚的なものでつかんでいるだけだから、数値では把握できていないんです。

——いちいち温度を気にしながら煮込んでいたら仕込みがはかどりませんもんね。

鍋中が常に何度なのかを気にしているわけじゃありませんが、意識的にやっていることはあります。

——どんなことですか？

温度を上げたり下げたりするんです。

——火加減で？ でも、そんなに変わりますか？ 強火にしたり弱火にしたりしても、鍋中の温度が極端に下がることはないと思いますが。

少し前に低温調理が流行りましたね。60度台くらいの温度でうま味成分が抽出されやすいという説もある。だとすると、煮込み鍋の中も60度台あたりをウロウロさせたいんです。

——一度煮立たせたら100度近くになっちゃいますから、冷まして温めてみたいなことが繰り返されたら、うま味成分が出やすいのかもしれない。

だからいったん、沸とうさせてから火をあえて止めて、そのまま5分ほど常温で冷ましていく。そんなやり方をしたらおいしくなるかもしれない。

——そうか！ もしかしたら……。インド料理では、肉を煮込むときにグラグラしている鍋に生のままの肉をドボンと入れることがあります。意図しているわけじゃないだろうけれど、あのタイミングで一度、鍋中の温度は下

がるはずなんです。

そしてまた徐々に沸とうする温度まで上がっていきますよね。

――そんなふうに偶発的に生まれた温度差が、結果的にはおいしさを抽出しているのかもしれませんね。それで、スープカレーにおける温度の上下はどんなふうに？

スパイスを混ぜるところまでやって、ひと晩寝かせるんです。

――なるほど、常温で冷えていく間にホールスパイスの香りも移り、味わいがこなれて深まっていくんですね。

≫［テクニック２．加熱温度について］へ（P150）

寝かせる効果

お店によっては「2日間かけて煮る」というところもあります。そういう場合は、「煮て、寝かせて」を繰り返す。

――必然的にある程度の温度帯を行き来することになるんですね。

だから、僕にとって"煮込む"という作業は、"煮込む"だけでなく、そのあとの"寝かせる"までがワンセットという感覚なんです。

――そうか、常温になるまで冷ますところまで到達した時点で「煮込み完了」という感覚なんですね。

うちの店では、初期のころは、寝かせ始める段階で生の鶏肉を入れていたんです。

――余熱で鶏肉に火を入れる？

ひと晩かけてゆっくり肉に火が入っていくからすっごく鶏肉がやわらかくなるんです。

――贅沢ですね、食べてみたい。

ただ、チキンのうま味が出すぎちゃう場合があって、コントロールが難しいんです。

――鶏肉以外の食材でも同じですか？

豚肉の角煮なんかもゆっくり火が入っていくので、おいしくなります。スープに玉ねぎのうま味と肉のうま味をどうのせていくのかを考えた結果、寝かせるという時間をかけた行為を利用する方法にたどり着いたんです。

――自分が直接手をかけているわけじゃないのにおいしくなっていく。時間経過がそうさせるんですね。それはハンズオフカレーの考え方と同じです。

その延長でこんなことも考えたんです。ゆっくり時間をかけて温度が変わっていくことでうま味が出やすくなるんであれば、氷水を使ったらいいんじゃないか、と。

――ああ、確かに！スープストックを取るときには水の状態で鶏ガラを加えてから火にかけますもんね。やって

みたんですか？

氷水で仕込んでいた時代があるんです。半年間ほどやってみたんですが、あんまり違いは感じませんでしたね。

煮ることの効果

――煮込みがおもしろいのは、水からスタートして温度を上げていきながら味を出す。煮込みが終わると、今度は熱々だったスープが常温で温度を下げていきながら味を出す。

煮立った後、煮込んでいる最中だけが味の出るタイミングではない。その前後も大事だということになりますね。

――僕の理論上、煮ただけでカレーがおいしくなるということは、ありえないはずだったんですよ。ところがそれが実際に起きてしまった。カレールウで作ったカレーみたい。カレールウというのは、魔法のような発明品だったんです。ポトッと落として混ぜるだけで突然おいしくなるわけですから。スパイスでも同じようにおいしいカレーができるだなんて。

なぜ、そんなことが起こってしまうんでしょうね？

――それが僕にはいまだにわからないんです。不思議です。食べてくれた人の中には「見た目も味わいもシチューみたいだ」っていう意見も上がりましたね。何か家庭料理のほっとする感じというか、なじみ深さみたいなものがあります。

スープカレーにも同じような魅力がありますね。日本人の好みに合う。煮込むことでだしのうま味が出ているからなんでしょうけれど。

――具がたくさん入っていることによって対流によるうま味の抽出が進むんだとは思います。ミネストローネみたいなものが実際にあるわけですし、いや、それどころか煮るだけでおいしくなっている料理は世界中にあるわけですね。

煮込むだけでおいしくなるというのは、特別なことではないのかもしれません。

――ハンズオフカレーの場合、そこにさらにスパイスがしっかり入ってくる。だから、風味が引き立ったり引き締まったりするんだと思います。

水分と水の役割

煮込み時に注意しているのは、素材から出る水分ですね。とくに野菜カレーの場合は注意しています。想像以上に水分が出ます。

――素材を見たときにそこに見えていないけれど実際に

は含まれている水分量を想像できるようになるといいですね。ひとつの方法としては、グラム（重さ）で理解する、というのもあると思います。

トマトもなすも想像している重さと実際の重さは意外と違うかもしれません。

——鍋の外から加える水分と、鍋の中にある素材から抽出される水分と、加熱によって蒸気で抜けていく水分と。その水分が今どこにどのくらいの量あるのかを把握しておく。

グラムで量れなくても鍋の内側の水面の高さを気にしておくだけでも違います。

——水分の出し入れという点で、最終的な量以外に気を付けていることはありますか？

味がどこにあるのか、は気になりますね。

——素材からうま味を抽出する、とか、水分にあるうま味を素材に戻す、とかですか？

たとえばアスパラガスをゆでるときに、湯を沸かして塩を入れてまず硬くて食べられない部分を入れる。水にアスパラガスのうま味が抽出されるから、その後に食べる部分を入れると、水の中にアスパラのうま味がすでにあるため、食べる部分のアスパラガスの中から外の水にうま味が出にくくなると聞いたことがあります。

——水というのは、何というか、均一に保とうとする性質があるのかもしれませんね。質量保存の法則というべきか。

たとえば、汚れた衣服を水に入れて洗うと透明な水が汚れます。その分、衣服の汚れは落ちる。でも、あらかじめ汚れた水で汚れた衣服を洗っても汚れが落ちにくい。その性質を利用して、玉ねぎを炒めて作るカレーのベースを煮込み鍋に入れた後は、できるだけかく拌しないで自然にゆっくり溶かしていくんです。そうすると具からスープにうま味が溶け出る余地が残っている。ベースのうま味が溶けていくペースとバランスが取れるんです。

≫［テクニック3．水分について］へ（P151）

塩の効果

——うま味のコントロールには、塩の存在も重要になりそうですね。

うちの店では、塩は甘塩（天然塩）と精製塩とで使い分けています。

——味わいがだいぶ違いますもんね。

精製塩だときりっと引き締まった味になり、天然塩にすると味わいが太くなります。

——作りたい味によって使い分けるんですね。

スープカレーというのは、ほとんど煮るだけの料理だから、塩は大事なんです。水も大事だけれど。塩は仕上げに調えるために使うだけではなく、最初に適切な塩の量を入れられるのがプロですよね。

——素材の味わいを抽出する役割がありますからね。極端にいえば、カレーを作るときに新しい素材を鍋に加えるたびに少しずつ塩を一緒に加えていくのがいいと僕も思っています。各タイミングで引き出すべき味を充分に引き出せますから。

そう、加熱の間に味が引き出せるんですよね。塩はポテンシャルを引き出す天才なんです。だから塩を加えるときにはかく拌しながら入れた方がいい。うま味を存分に引き出せるように。

——塩は混ぜる。でも、カレーのベースは混ぜない。

塩はうま味を引き出すアイテム、カレーのベースはうま味の素になるアイテム。役割が違いますから。

——もし、うま味に色がついていたら、便利だなと思いますね。肉から野菜からどのタイミングでどの程度うま味が抽出されているかが見える化されるから。たとえば、鍋の中に紫色の筋がツーッと出始めたら、「お、出てるな、うま味が」と判断できたりして。

≫［テクニック4．塩加減について］へ（P152）

香りを加える

香りはいちばん最後に加えています。

——そう、それ最初に教えてもらったときに驚いたんです。パウダースパイスをどっさり仕上げに入れるなんて自分の感覚にはなかったです。

変わった手法のように思われるかもしれませんが、「味を引き出せるだけ引き出して最後に香りをまとわせる」という組み立てになっているんです。できあがり直前のスープは表面に油脂分が浮いているため、そこにパウダースパイスを混ぜて融合させる。

——そうか、そこに油がいれば香りが定着する上に舌ざわりの粉っぽさも解消される。ホールスパイスの香りの移し方として、水で煮出してフレーバーウォーターを作ってそれを使う方法がインドにはあります。他にもにんにくを皮ごと包丁でつぶして水に加え、じゃぶじゃぶ洗うようにしてからざるで濾してガーリックウォーターを作るというのを見たこともあります。あれは斬新な手法だと思いました。

味と同じで「今、香りがどこにいるか」を把握しておき

たいんですね。

——その香りをどうキープしてどのタイミングで活躍してもらうのか、も。

パウダースパイスが表面に浮いた油に溶け込んだ後は、鍋中に溶かし込まないように浮かせたままにしておくんです。浮いた油をあまり揺らさないようにそっと煮込みを続けると、ソースやスープにある香りを鍋の外に逃がさないで煮ることができる。

——油がふたの役割をするんですね。

そう、そして、その油のふたは、時間が経つにつれて味を含み、徐々に良質なスパイスオイルになっていくイメージです。

——香りは油脂分を通してある程度、可視化されていることになりますね。

とくにスープカレーの場合、ドライバジルを使うことが多いんですが、あれが最終的に油に浮くんですよ。だから、レードルですくうときにはバジルの量を見ていると必然的に1人前あたりに盛り付ける油脂分の量がコントロールできるんです。

>> ［テクニック5．味と香りの
組み立てについて］へ（P154）

焦げることについて

——スープカレーではスープを濾すプロセスがありますよね。あれは気が遠くなる作業ですね。

ここで味わいがかなり変わるんです。溶けかかっている炒め玉ねぎに含まれた味わいなどを絞り出す感じですね。玉ねぎの火入れや煮込み時間の長さによって味わいが深まります。

——煮詰まっている場合はできあがる量が減ったりする

から調整も必要になりますね。

濾すことによってスープがクリアになり、舌ざわりもなめらかになります。

——全体的な完成度は上がるわけですね。ごった煮の部屋着カレーがよそ行きのおしゃれな服装になる。

だから、濾し終わった後のスープは宝物なんです。

——クリアに仕上げる妨げになる要因として、焦がしてしまうリスクがありますね。ハンズオフカレーでもそうですが、誰もがナーバスになるポイントです。

鍋が焦げちゃった場合は鍋底を少しこするとざらついた感じがするので、わかります。その場合は、まず香りで判断。香りの中に焦げ臭がまざっていたら場合によってはちょっとアウトかも。でも、その焦げ臭がなければ、そのまま鍋底をこすらずに完成させて器に盛り付ければおいしくいただけます。

——焦げた香りの感じ方っていうのは人によって違いますから、各自で判断するしかないですね。

鍋を替える方法もあるけれど、意外と焦げ付いている部分の周辺にうま味が濃縮していたりするので、鍋を替えるのがいつもベストなわけではありません。焦げるということに対してアレルギーや嫌悪感がある人が多いと思いますが、焦げはそんなにマイナスではないと僕は思っています。

——知り合いのフランス料理シェフが、「発酵の次に焦げが注目されている」と言っていました。世界各国で、“あえて焦がす”とか“焦げを活かす”という料理が出始めているようです。

焦げについては見極めが大事なのと、食べる人の好みに応じた対処ができるかどうかだと思います。

——ありがとうございました。

>> ［テクニック6．焦がさないために］へ（P156）

TECHNIQUE_1

火加減&加熱状態の表現について

　とあるカレーを煮込もうとするとき、中火では強すぎるけれど、弱火にしたら弱すぎる場合があります。レシピに書こうとすると困ってしまう。弱火と中火の中間くらいの火加減をどう書いたらいいのでしょうか。たまに使うのは、「弱めの中火」という表現。あくまでも中火なのだけれど、中火の中でも弱めなんです。逆に「強めの中火」と書けば、強火まではいかないが、中火の中では強めとなります。

　整理すると、「弱火〜弱めの中火〜中火〜強めの中火〜強火」となる。じゃあ、「強めの弱火」と言ったらどの程度にすればいいのでしょうか？「強めの弱火」と「弱めの中火」はどっちが強いんでしょうか？「弱めの弱火」というのは、「極弱火」と表現できそうですが、「強めの強火」のことを「極強火」というのはあまり聞いたことがない気がします。ややこしいですね。

　目の前の火は適度な加減に調整できているというのに、それを言葉で説明するのは困難です。そこで、擬音語（擬態語の場合もある）を使うことになる。「弱めの中火でコトコト煮る」といったように。

　誰が言ったか知りませんが、フランス料理の世界では、**「天使がほほ笑むように煮込む」**というような詩的な表現があるといいます。なんと素敵な……。調べてみると弱火でゆっくりコトコト煮る**"ミジョテ（mijoter）"**がそ

れにあたるという説を目にします。ただ、コトコト煮るという点で言うなら、**"フレミッソン（frémissant）"**という言葉もあるようです。フレミッソンは「震えている、ざわめいている」などの意味で、「eau frémissante（オー・フレミッソント）」でお湯がフツフツ（コトコト）沸いてる、という感じ。天使が……に対抗するならば、「晩秋の木の葉がざわめくような火加減で煮る」といったところでしょうか。

　うん、この手があるのかもしれませんね。鍋の中で煮込まれている状態を何かしらの情景でたとえてみると、微妙な煮込み加減を表現できそうな気がしてきました。たとえば、煮込み具合を表す擬音語（擬態語）はいくつかあります。「やさしく煮込む〜激しく煮込む」という順で並べるとすれば、僕のイメージでは、次のようになります。

ユラユラ、フツフツ、クツクツ、コトコト、コポコポ、ポコポコ、グツグツ、グラグラ、ボコボコ、ゴボゴボ……。ほら、なんかどんどん火が強くなっていくような気がしませんか？

　煮込みの火加減は、いろいろ。せっかくですから、すべてに詩的な表現を当てはめておきましょう。

※ 4章（P89-133）に煮込みのようすがわかるパラパラマンガがあります。お楽しみください。

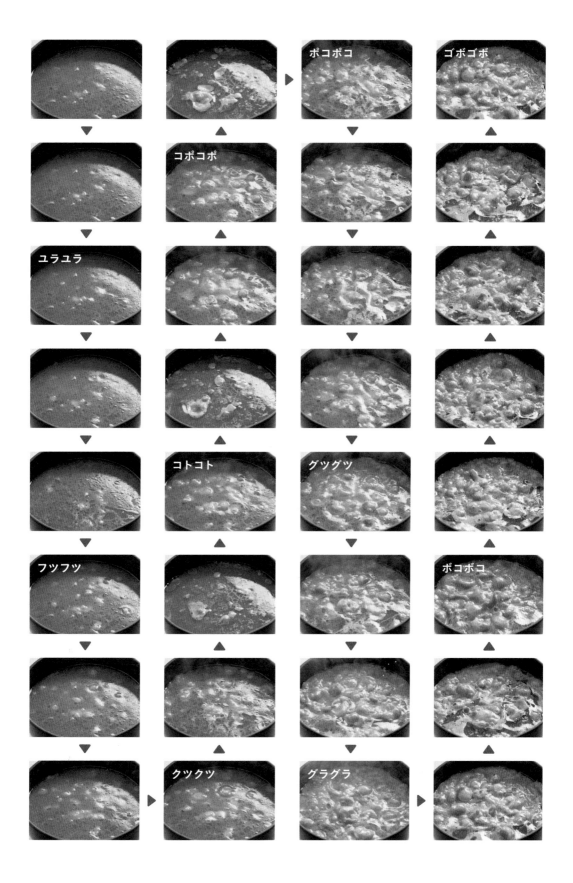

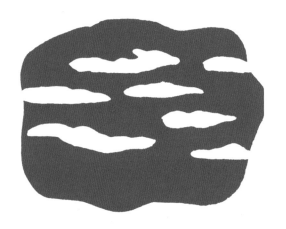

1 ユラユラ
あかね雲がゆっくり広がるように煮る（超弱火・保温）

2 フツフツ
天使がやさしくほほ笑みかけるように煮る（極弱火）

3 クツクツ
静かな湖面がさざ波立つように煮る（とろ火）

4 コトコト
木の葉がざわめいているように煮る（弱火）

5 コポコポ
森の妖精たちが小躍りするように煮る（弱めの中火）

⑨ ボコボコ

ボクサーがリングで殴り合うように煮る（極強火）

⑩ ゴボゴボ

悪魔たちが一斉に怒り狂うように煮る（超強火）

⑧ グラグラ

ファンファーレが鳴り響くように煮る（強火）

⑥ ポコポコ

子どもが上手にリフティングするように煮る（中火）

⑦ グツグツ

賛成派と反対派が口論しているように煮る（強めの中火）

加熱温度について

非常に興味深い実験をしました。基本のチキンカレーをゴールデンルール形式で調理し、
鍋中の温度がどのように変化するのかを実験してみました。

炒める	
	油でホールスパイスを炒める。……［中火／142℃］
	にんにくとしょうがを加えて炒める。……［中火／110℃］
	玉ねぎと塩を加えて蒸し焼きにする。……［強火・ふた／115℃］
	鶏肉を加えて炒める。……［強火／108℃］
	パウダースパイスを加えて炒める。……［弱火／93℃］

- -

煮る	
	トマトを加えて蒸し煮する。……［中火・ふた／99℃］
	水を注いで混ぜ合わせる。……［中火／65℃］
	グツグツ煮立てる。……［強火／98℃］
	表面がフツフツした状態で煮る。……［極弱火／95℃］
	ふたをしてグツグツ煮る。……［中火・ふた／99℃］

- -

完成	
	火を止めて5分後 ……［ふた／90℃］
	火を止めて15分後 ……［ふた／82℃］
	火を止めて30分後 ……［ふた／75℃］
	指で触れる程度まで粗熱を取る。 ……［ふた／39℃］
	冷蔵庫に入れてひと晩寝かせる。 ……［ふた／6℃］

調理時のキッチンの温度：26℃、湿度：50%

　油で炒める前半は温度が高くなる。鶏肉やトマト、水などの水分が入った後の加熱では温度は100℃を超えません。

　90℃近い鍋中に300㎖の水を加えた直後が65℃。いわゆる肉の低温調理に適した温度が60℃前後だとすると、肉に味を残しつつ肉質を気にしながら煮込むなら、加熱せずに煮込む（!?）のがいいのかもしれません。

　ともかく、水が入って以降の調理については強火だろうが弱火だろうが、鍋中の温度に大差はないことになります。煮立っている状態が99℃、極弱火の状態が95℃、そのとき

の肉の中の温度は93℃なのですから。

　ハンズオフカレーの場合、油も水もそのすべての食材も鍋に入った状態で加熱を始めるため、100℃を超えることは考えにくい。そのため、沸とう状態が続くことにより、食材の形がどのように変化するのかをレシピごとに気にしてみると興味深いと思います。

　ちなみに僕は、できたてよりも完成後にふたをして30分ほど置いた状態が好きなんですが、30分置いても温度は15℃しか下がらないんですね。食べやすい温かさになるからちょうどいいかもしれません。

TECHNIQUE_3

水分について

スパイスでカレーを作った人が割とよく突き当たる壁に以下のようなものがあります。

● いまいち味気ない仕上がりになる。
● これで正解の味かどうかが不安だ。
● 4人分作ったはずなのに足りない。

レシピを開発した僕と、それを見て作った読者との間に最もわかりやすい差が出るケースでもあります。原因の多くは、「脱水と加水による味わいの変化」。このギャップを埋めるために大事なのは、水分の捉え方です。カンタンに言えば、水を増やせば味は軽くなり、水を減らせば味は重くなる。でも、レシピの落とし穴として、多くの人が「レシピに書かれた通りにやる」という手続きを重視してしまいますから、「300mℓの水を入れ、ふたをして弱火で30分煮たからOK」としてしまうんです。

同じ材料を使って、ハンズオフとゴールデ

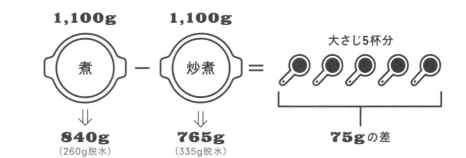

2種の重さの比較

1,100g 煮 − 1,100g 炒煮 = 大さじ5杯分

⇩ ⇩
840g 765g 75gの差
（260g脱水） （335g脱水）

ンルール、2種類のカレーを作ったときの比較をご覧ください。

同じ時間、加熱したはずなのに、75g（大さじ5杯）分の差が出るんですね。主に差が出るのは、前半の炒める部分になります。

かつて、食材をひとつずつ加えながら各プロセス終了後の重さを量って調べたことがあります。炒めるプロセスについては、加えた食材の重量の⅔を脱水していました。水を加えるまで鍋に入れた食材が600gだったとすると、炒め終わったときの鍋中が200gにま

で減っているということです。

一般的なカレー調理の場合、作る人の実力や火入れの方法に差が出るため、鍋の中の重さだけを比較しても厳密には同じ味を再現することはできません。どちらも仕上がりが800gになっているのにおいしいカレーとそうでもないカレーの実力差が出てしまう。でも、ハンズオフカレーの場合、その差が出にくいんですね。だって、"手を加えない"のだから。そういう点では、加熱前と完成後との重量を比較することはいい目安になります。

TECHNIQUE_4

塩加減について

"いい塩梅"はみんな違う

塩がすべての味の決め手になります。ハンズオフカレーでもその他のカレーでも。だから、塩加減は非常に大切です。

ところが、人それぞれ最適な塩の量が違う。いい塩梅と言いますが、塩梅がひとつじゃないから難しい。むかし、友人のシェフと一緒に料理教室をしたことがあります。彼が作ったカレーを僕が味見して「塩加減バッチリ」と思った直後、味見をした彼が「全然足りないな」とつぶやいて、バサッと塩を加えました。そんなことはよくあることです。

ハンズオフカレーでは、4人分のカレーに対して「塩 小さじ1強」としています。「小さじ1強」とはまた曖昧な表現です。「小さ

じ1」よりも多いけれど「小さじ1と½」よりは少ない。そのくらいのイメージです。これ以上正確に書こうとするとグラム表記になってしまう。グラムで表記するなら「8g」としたいところ。これは、800g（1人前200g）のカレーに対して1％の塩分濃度で仕上げることを目安にした数字です。

レシピで塩加減を完璧に指示することは不可能です。

そもそも「小さじ1」の計量の仕方がみんな違う。基本的には「すりきり」ですが、塩を鍋に加えるときにわざわざすりきりする人は少ないと思います。粒子の大きさによっても塩気は変わるし、塩をぎゅっと小さじに詰めるのか、ふわっとのせるのかによっても変わってきてしまいます。グラムで量ればそこそこ正確ですが、そもそも塩ごとに塩分濃度

塩の目安

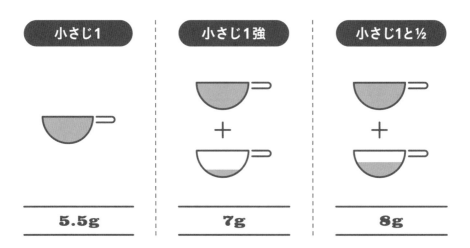

小さじ1	小さじ1強	小さじ1と½
5.5g	7g	8g

が違うんですね。

　あああ、手に負えない。ハンズオフカレー推奨の塩でも決めようかな。

　できる限りのことをしてみよう、ということで、小さじ1の重さを比べてみることにしました。代表的なものを12種類。重いもので「5.8g」、軽いもので「4.4g」、ばらつきがありました。

　次にそれぞれの塩の塩分濃度も調べてみました。すべての塩を「3.0g」計量し、100g（＝100㎖）の水に溶く。塩分濃度計で濃度を2回ずつ計測し、それぞれ平均値を取りました。すると、最も高い塩で「3.4％」、最も低い塩で「2.9％」でした。やはりばらつきがあります。とにかく、僕が「小さじ1強」とレシピに書いたとき、作る人によってカレーに入

る塩分濃度には驚くほどの違いが出てしまうことになります。

　じゃあ、僕自身がカレー単体で食べて「ちょうどいい」と思う塩分濃度は、テストしてみたことがあるのですが、「1.0％〜1.05％」というところでした。しかし、それを何グラムのごはんと一緒に食べるかによって、トータルの食事での塩分濃度は変わります。あーあ、もう、やっぱり手に負えない。

　ふう。聞いているみなさんまで疲れてしまいそうですね。カレーを作るのに使う塩の量は、こうも難解なものなんです。足したら引けないのも塩の特徴。塩分が強くなりすぎないよう気を付けましょう。

　みなさん、自分の感覚を信じて、最後は自分の味覚で味を調整してみてください。

	名前	小さじ1すりきり重量	3g／100g塩分濃度2回平均	分類
1	アルペンザルツ	5.8g	3.1%	岩塩
2	国産塩（塩化ナトリウム）	5.3g	3.1%	精製塩
3	赤穂の塩浪園、やき塩	5.2g	3.4%	海塩
4	ドイツ産岩塩（細目）	5.2g	3.2%	岩塩
5	プロヴァンス地方カマルグ産の塩	5.2g	2.9%	海塩
6	サーレ・ディ・ロッチャ	5.1g	3.0%	岩塩
7	デルタサル地中海シーソルト	5.0g	3.0%	海塩
8	岩塩粉末（Black Salt）	4.6g	3.2%	岩塩
9	南の極み	4.6g	3.3%	海塩
10	パームアイランド【白】	4.5g	2.9%	海塩
11	伯方の塩	4.4g	2.9%	海塩
12	クリスマス島の塩	4.5g	3.0%	海塩
	平均	4.95g	3.08%	

TECHNIQUE_5

味と香りの組み立てについて

　ハンズオフカレーが煮るだけでおいしくなってしまうのはなぜなのか、いまだにわかりません。でも、鍋の中で何が起きているのかを想像することはできるんですね。そのためには、味と香りの組み立てを理解しておくといいと思います。

　肉でも魚でも野菜でも何でもいい。まず、中心に好きな食材を置いてください。これから調理の旅へ出発します。

　たとえば鶏肉をおいしくいただこうとしたら、どんなものよりも先に必要なアイテムは何だと思いますか？ 意外と出てこないかな？ 塩です。いきなり焼いて焼き肉のタレでもかければ、それはそれでおいしくなるでしょう。でも、それは鶏肉を味わうというよりも、タレを味わっている要素が強い。ケチャップやマヨネーズやしょう油なんかもそうです。何はなくとも塩。僕は鶏もも肉や鶏むね肉に重さの1％の塩を振り、3時間くらいおいてからフライパンで焼きます。それだけで抜群にうまい。いや、それがいちばんうまいかもしれないと思うくらい。塩には素材の味わいを引き立てる役割があるのです。

　さて、次に大事なアイテムは何だと思いますか？ 油です。油は加熱を促進させるし、そのものがうま味の素でもあります。肉や魚ならそれ自体に油脂分を含んでいるから、バターや植物油を添加しなくても味わいは深まります。いわゆる焼いたり炒めたり蒸したりするような素朴な調理なら、塩と油があれば、どんな食材でもそのものの味わいを存分に楽しめる。そのくらいこの2つのアイテムは重

要なんですね。

　実際、僕は自宅で自炊するときには、肉や野菜に塩を振って、場合によっては油を使って加熱するものが多い。「得意料理は何ですか？」と聞かれたら「蒸し焼きです」と言い張れる。

　もうひとつ、僕がよく作るものがあります。それはスープ、もしくは煮物です。たとえば骨付きの鶏肉なら、塩と油に水を追加して煮る。そう、水があると別の形で楽しめるんですね。

　超シンプルなチキンスープもうまいけれど、もうひと味ほしい。そんなときには香味野菜でも加えるといいんです。玉ねぎ、にんじん、セロリ、にんにく、しょうが……。ただね、ここでちょっと考えてみてくださいね。中心にある鶏肉の味わいをより楽しむために、たとえば香味野菜をまとめてすりおろして鶏肉の表面に塗り込んだりするわけにはいきませんよね。香味野菜は香味野菜で、中心にいるべき野菜という食材なんです。だとすると、香味野菜にも塩が必要で油があるとよりおいしくなる。鶏肉の周囲に同心円状に広がる輪は、香味野菜の周りにもあるんです。

　玉ねぎの周り、にんにくの周り、しょうがの周りにも塩と油がある。それらを鶏肉と同じひとつの鍋で加熱しようと思ったら、素材どうしをつないでくれるのは、水なんです。水は調和のアイテム。手と手をつないで融合してくれる。すべてが渾然一体となって煮込まれるのは、水のおかげなんですね。

　いいぞ、このスープ、だいぶおいしくなっ

ちゃった。うれしくなってちょっと歯止めが
きかなくなります。トマトも一緒に入れたら、
もっとおいしくなるんだよな。トマトだって
塩を振ったら生でもおいしいし、オリーブ油
をかけたらさらにおいしい。だから、トマト
にも輪ができる。はい、鍋に入ります。

さて、今、鍋の中には何がありますか？
鶏肉、玉ねぎ、にんにく、しょうが、トマト。
そして、それぞれに塩と油。すべてをつなぐ
水。あれ？勘の鋭い人はもうとっくに気づ
き始めていますよね。

この鍋にスパイスが入ったら？ ハンズオ
フのチキンカレーじゃないですか!!!

スパイス（ハーブを含む）は、どこまでいっ
ても料理の脇役です。だって、鶏肉はクミン
やコリアンダーがなくてもおいしくいただけ
る。「塩や油がなくてもターメリックだけ振
れば鶏肉はおいしい」なんて人いますか？

いませんよね。なきゃなくてもいいのがスパ
イスなんです。ちょっと寂しいですが。

でも、素材をよりおいしく食べようと思っ
たらいい仕事をしてくれます。鶏肉に塩だけ
振って焼くよりも塩こしょうを振った方がお
いしいですよね。こしょうは、スパイスです。
だから、不可欠ではないけれど、あると嬉し
いアイテムではあります。控えめに外側にス
パイスを位置づけておきましょうか。

さて、素材を中心にしたイメージ図を思い
浮かべてみてください。

これらが鍋の中でまとめて加熱され、渾然
一体となって煮込まれていく。30分経過し、
60分経過します。ふたを開けましょう。

みなさんの頭の中でも完成していますか？
はい、おいしいハンズオフカレーのできあが
りです！

味と香りの組み立て

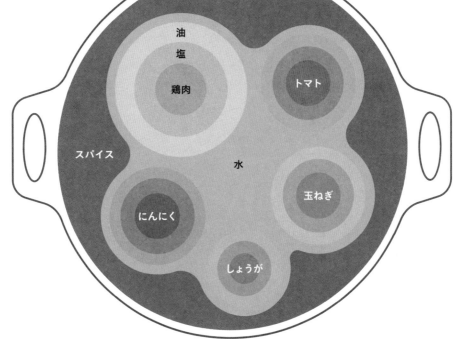

油
塩
鶏肉

トマト

スパイス

水

にんにく

玉ねぎ

しょうが

TECHNIQUE_6

焦がさないために

テクニック不要＆失敗知らずのハンズオフカレーには、ひとつだけ敵がいます。**焦げ**ること。これだけは避けたい。**焦げ**てしまったら取り返しがつかないけれど、**焦げ**なければ何とでもなりますから。

焦げという敵に打ち勝つための方法をQ＆A形式で紹介します。

焦げてしまったときはどうしたらいいですか？

火を止めてカレーが完成し、ふたを開けたときに強い**焦げ**臭がするようであれば、ちょっとアウトかもしれません。鍋底が**焦げ**ているかどうかは木べらやゴムベラで鍋底をこすったときにわかります。カリカリッとした感触が手に伝わるときには、**焦げ**付いている可能性が高い。ただ、どの程度の**焦げ**付きかによって、対処方法は変わります。やさしくこすったときにはがれる程度なら、炭化していない可能性が高いため、そのままカレー全体に混ぜ込んでしまって構いません。しっかりとくっついていてガリガリとするレベルの場合、**焦げ**付いている場所はそれ以上触らず、別の鍋に移し替えてください。そうすれば、**焦げ**臭や**焦げ**味を最小限に抑えてカレーとして食べることができると思います。

焦げるとはどんな状態ですか？

鍋底にあたった食材が黒く炭化した状態です。黒く見えても炭化してなければ**焦げ**ているとは言えません。**焦げ**始めるとき、最初に**焦げ**た色がつき、**焦げ**た香りがし、そのあとに**焦げ**た味がします。ハンズオフカレーの場合、鍋の中を確認することができないため、色は判断できませんが、「**焦げ**色がついても**焦げ**臭がない」とか「**焦げ**臭がしても**焦げ**味はしない」とか、徐々に状態は変わります。慣れてくると自分なりのモノサシで"**焦げる**"をジャッジできるようになります。

焦げたら食べない方がいいですか？

完全に**焦げ**た状態のものは食べない方がいいと思います。でも、ちょっとの**焦げ**や適度の**焦げ**ならおいしさの一部だと思ってください。たとえば、焼き肉屋さんで肉を焼いているとき、話に夢中になってお肉の端が黒く**焦げ**てしまっても捨てたりしませんよね。判断基準のひとつとして、「焼き肉屋でこの程度なら食べるな」という**焦げ**はOKとしましょう。

焦げたかどうかはどこで判断すればいいですか？

鍋底を見れば一目瞭然ですが、**焦げ**る手前で気付きたいですよね。判断しやすいのは香り。**焦げ**た香りは誰にでもわかりますよね。鍋のふたからもれる蒸気に鼻を近づけて、ときどき、クンクン香りをかいでみましょう。近づきすぎると火傷するかも。

焦げにくいのはどんな鍋ですか？

底が厚い鍋です！と声を大にして言いたいところですが、厚くてもたとえばステンレスなんかは**焦げ**やすい。逆に鍋底が薄くても多層構造でフッ素樹脂加工がしてあったりすると、かなり**焦げ**にくいんです。

焦げ付いてしまった鍋はどのように洗えばいいですか？

すみません、鍋ごとに推奨された洗い方がありますので、自分で調べてください。

焦げないように気を付けるべきことはありますか？

ハンズオフカレーですから、ふたをして火にかけたら運を天にまかせるしかありません。祈るのみ。いや、それじゃあんまりですね。**焦げ**ないように何度も試作してレシピ化していますが、それでも不安な場合は、煮込んでいる途中にときどき、鍋を振ったり揺らしたりしてください。鍋の中の食材が動いているようなら**焦げ**付いてはいません。それでも不安な場合は、ふたを開けて鍋中を木べらなどでかき混ぜ、またふたをして煮込みを続けてください。「それじゃあハンズオフとは言えないじゃないか！」という気持ちは心の奥にしまっておいて。

焦げっておもしろいですね。
焦げるという現象と上手に付き合っていってください。

鍋と熱源を知る

鍋は大事なのか？
熱源は大事なのか？

「カレーを作るのに理想的な鍋は？」
　よく質問されます。
「わかりません」
　僕の本心です。でもそう言うんじゃ質問してくれた人をガッカリさせてしまうから、別の答え方をします。
「今使っている鍋を使い続けてください」
　カレー作りで大事なのは、"適切な鍋を選ぶこと"よりも"自分が使っている鍋の特性を知ること"です。その鍋の優れた点はどこか？苦手な分野は何か？ それがわかれば火加減をどうするか、煮込み時間をどうするか、見えてきます。
「いやいや、そういう煮え切らない回答は求めていないんですよ。もっと、こうスパッと潔く答えてくれませんかねぇ」
　口には出さないけど顔がそう言っている人もいます。そんなときは、こう答えます。
「底の厚い鍋にしてください」
　ハンズオフカレーを作るなら、まずはここでしょうね。焦げにくいから。
「カレーを作るのにガス火とIHとどちらがいいんですか？」
　これも、よく質問されます。
「わかりません」
　僕の本心ですが、別の答え方をします。
「今使っている熱源を使い続けてください」
　カレー作りに大事なのは、"適切な熱源を選ぶこと"よりも"自分が使っている熱源の特性を知ること"です。でもね、ええ、わかっ

ていますよ。スパッとした答えですよね。
「僕はガスの火が好きです」
　火が見えていた方が安心するんですね。
　たしかに鍋も熱源もカレーを作るのに欠かせない道具です。ことハンズオフカレーに関して言えば、「手を触れない」わけですから、「鍋と熱源に任せる」ことになる。超重要じゃないですか。それでも、このカレーのために新たな鍋を買い、熱源を準備する必要はありません。僕は鍋屋さんじゃありませんから、「この鍋を買えばとびきりおいしいカレーが作れますよ」なんて言うつもりはありません。
　20年以上、全国各地に出張料理をしてきました。常に現場にある道具でさまざまなカレーを作ってきました。鍋が変われば火の入り方が変わる。その都度、その場でチューニングをすればいい。重たい鍋をわざわざ車に積んで遠出したくないですもんね。

あなたの鍋を診断

　我が家の鍋にはどんな特性があるんだろうか？ それがわかれば、本書のレシピの「煮込み時間を長くすればいいのか短くすればいいのか」、「火加減を強めにするか弱めにするか」、「加える水の量を増やすか減らすか」などのチューニングができます。その目を、その感覚を養ってください。
　あなたの鍋を診断するために、いい方法を紹介します。計量のためのスケール（量り）があればできる、水を蒸発させるテストです。いつも使っている鍋を準備してください。そこに200g（＝200㎖）の水を入れて強火にかけるだけ。やってみましょうか。

200gの水で蒸発診断

材料

水 ································ 200g（㎖）

方法

鍋に水を入れてふたをせず強火で3分間煮る。
→**沸とうした時間を計測（A）**
3分経過したら火を止める。→**重さを計測（B）**
常温で2分間放置する。→**重さを計測（C）**

	名前	(A)沸とうまでの時間	(B)強火で3分煮る	(C)常温で2分置く	蒸発量 (B)−(C)	蒸発量合計 [200g−(C)]
1	ステンレス鍋	1分32秒	142.5g	132.5g	10g	67.5g
2	アルミ鍋	1分36秒	144g	135g	9g	65g
3	ホーロー鍋	1分33秒	139g	130g	9g	70g
4	多層鍋C	1分17秒	139.5g	130g	9.5g	70g
5	多層鍋A	1分36秒	146g	135g	11g	65g
6	銅鍋	1分25秒	136g	128g	8g	72g
7	ガラス鍋	2分4秒	166g	151.5g	14.5g	48.5g
8	多層鍋B	1分29秒	138g	130g	8g	70g
9	鋳鉄鍋	1分46秒	149g	142g	7g	58g
10	鋳物ホーロー鍋	1分55秒	155g	144g	11g	56g
11	土鍋	—	186g	180g	6g	20g
12	圧力鍋	1分55秒	155g	144g	11g	56g
13	多層鍋A／ふた	1分32秒	154.5g	153.5g	1g	46.5g

5分間で終わります。その間にチェックしてほしいことが3つあります。

- **沸とうした時間……[A] 熱を伝えるスピードがわかる**
- **火を止めた直後の重さ……[B] 熱を伝えるパワーがわかる**
- **放置した後の重さ……[C] 熱を蓄えるパワーがわかる**

Aは、時間が短ければ短いほど、熱伝導が速いことになります。「グツグツ煮立て」みたいなレシピでは、能力を発揮。

Bは、グラムが軽ければ軽いほど、水分が飛んだことになるため、鍋中に強い熱が伝わったことになります。煮込み時間は短くて済むかもしれない。

Cは、グラムが軽ければ軽いほど、水分が飛んだことになるため、火を止めた後も鍋自体が蓄熱されていることになります。火を止めた後も鍋中の加熱は進みます。

200gの水は、5分間でどうなりましたか？自分の鍋がどの程度なのかを表と比べてみてください。特性がわかると思います。

隣の芝生は青く見えますか？ いやいや、自分の鍋を知り、自分の鍋を愛しましょう。

鍋のプロフィール

鍋には仕上がりを左右するいくつかのポイントがあります。

鍋の材質

一般的な鍋はアルミやステンレスが多く、特殊なものに鉄や銅、ホーローなどがあります。最近の鍋は多層構造のものが多く、アルミとステンレスのいいとこどりをしていたり、組み合わせることでバランスを取っていたりします。

鍋底の厚さ

ハンズオフカレー（およびスパイスカレー）に関しては、鍋底は厚ければ厚いほどいいと覚えておいていいかもしれません。ガス火やIHの熱は、鍋に均等には当たりません。底が厚い方が熱が均一に伝わりやすいのです。

鍋底の面積

4人分のカレーを作るなら、鍋底の直径は18cm程度が理想的だと思います。それより大きくなると、食材に熱が伝わるスピードは速くなりますが、脱水が進みすぎて焦げやすくなったり、煮詰まったりする可能性もあります。

鍋の形状

鍋底から鍋の縁にかけてまっすぐ立ち上がっているもの、広がっているもの、坪型のもの、深いもの、浅いものなどさまざまなタイプがあります。1000㎖ほどの水を注いだときに人差し指ほどの深さがあると煮込みやすいです。

鍋中の表面加工

フッ素樹脂加工の鍋が数多く出回っています。使い勝手がよく、本書におけるハンズオフカレーの鍋実験でも優れた結果を生んでいます。焦げ付きにくいのが何よりの利点で、オススメできる加工だと思います。

鍋ふたの密閉度

鍋の材質や商品によって、ふたの密閉度合いはだいぶ変わります。基本的には密閉性が高いほど適しています。密閉性が高ければ水分は少なめに、密閉性が低ければ水分を多めに加えて調理するといい仕上がりが期待できます。

鍋のプロフィール

名前	鍋の重さ	熱伝導	蓄熱	底の厚さ	底面積	密閉度	フッ素加工	焦げにくさ	鍋の詳細
ステンレス鍋	908g	中	高い	薄い	広い	低い	×	×	ビタクラフト・厚手版
アルミ鍋	901g	中	低い	厚い	狭い	低い	×	△	中尾アルミ・プロ用
ホーロー鍋	1,110g	中	中	薄い	広い	中	×	×	野田琺瑯
多層鍋C	533g	速い	低い	薄い	狭い	中	○	○	スーパーで980円で購入
多層鍋A	780g	中	高い	厚い	中	中	○	○	水野仁輔カレーの鍋※
銅鍋	1,187g	速い	中	厚い	中	中	×	△	プロ用国産・合羽橋で購入
ガラス鍋	1,306g	遅い	高い	中	広い	低い	×	×	VISIONS
多層鍋B	423g	中	低い	薄い	中	低い	○	○	ティファール
鋳鉄鍋	1,563g	遅い	中	厚い	狭い	高い	×	○	バーミキュラ
鋳物ホーロー鍋	2,140g	遅い	高い	中	中	高い	×	×	ル・クルーゼ
土鍋	1,471g	遅い	高い	厚い	中	低い	×	△	土楽・ポトフ鍋
圧力鍋	1,750g	遅い	高い	中	広い	高い	×	○	フィスラー

※本書で使用しています

あなたの鍋でトレーニング

"我が家の鍋"の特性が見えてきましたね。じゃあ、実際にハンズオフカレーを作ったときにどんな影響があるのでしょうか?同じ材料と同じ分量でチキンカレーを作っても、鍋が変わると仕上がりの味わいが変わります。

参考にしたいのは、鍋中の重さです。「何グラムの材料」を鍋に加えたら、「何グラムのカレー」ができあがるのか?すなわち、「何グラムの水分」が脱水されたのか?これがわかると鍋によるチューニングが正確になりますよ。

あなたの鍋でトレーニングするために、いい方法を紹介します。

計量のためのスケール(量り)があればできる、カレーを作ってみるテストです。いつも使っている鍋を準備してください。そこに合計1000gの材料を入れて、ふたをして中火にかけるだけ。やってみましょうか。

ハンズオフ"訓練"カレー

材料 4人分

鶏もも肉 ･････････････････････････ 400g
玉ねぎ(くし形切り) ･･･････････････ 250g
プレーンヨーグルト ･････････････ 120g
ホールトマト(ミキサー) ･････････ 80g
水 ･･････････････････････････････ 80g
油 ･･････････････････････････････ 45g
パウダースパイス ･･･････････････ 20g
塩 ･･････････････････････････････ 5 g

作り方

鍋に上から順にすべての材料を加えて、ふたをして弱めの中火で30分ほど煮る。鍋中全体を混ぜ合わせる。→＊計量

ふたを開けたまま強火で鍋中をかき混ぜながら5分ほど煮詰める。→＊計量

いかがでしょうか?

重さを量って味見をする。どんな味がしますか?

これは訓練のためのカレーですから、「場合によっては焦げるかもしれない」という材料や作り方になっています。焦げていても味見はしてくださいね。焦げた味がどうなのかを知ることも経験。一度失敗してみることも大切。そこから学ぶことはたくさんあります。

もし、焦げ付かずに完成したら、そのままふたを開けて強火で5分ほど煮詰めてみてください。また味見をする。あなたの鍋と水分の蒸発の関係、脱水と味の変化の関係がわかると思います。

具体的に12種類の鍋で同じカレーを作ったときの状態変化を実験してみました。見てみましょう。

鍋の実験：種類と特徴

1 ｜ ステンレス鍋

ソースにとろみを感じるが、ちょっと味気ない。底はそれなりの厚みがあるタイプ。煮立つまでの時間が早めで蓄熱性も高い方だが、熱を直接的に伝える傾向にあるからか、焦げ付きが最も強くなってしまう。ハンズオフしたい場合は、火加減などに注意が必要。

| 煮込み前 |

| 完成 |

焦げ付き

2 ｜ アルミ鍋

汁気がうまく減っていく。味わいは濃縮されていておいしい。プロ仕様で底が厚く、半寸胴や寸胴タイプだと最も人気のあるアルミ鍋。脱水が速く進むから味が深まりやすいが、焦げ付きはない。強火で煮詰めるのにも適している。ハンズオフで活躍するタイプ。

| 煮込み前 |

| 完成 |

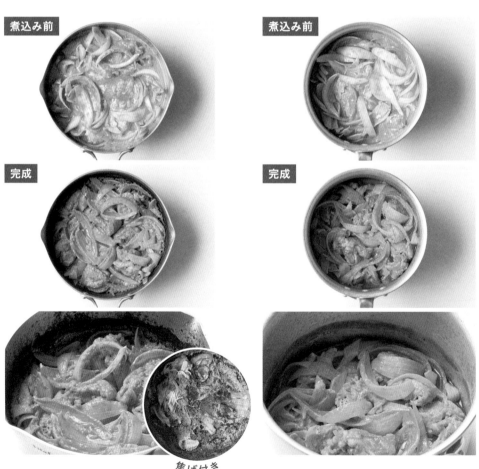

3 ｜ ホーロー鍋

割とさっぱりした味わいで、少し印象が薄い。熱伝導も蓄熱もそこそこよく、バランスが取れた鍋だと言える。厚みがないせいか、焦げ付いてしまった。密閉度も悪くないが、やさしい煮込み向き。ふたをして圧力がかかるハンズオフでは、鍋を揺らすなど調整が必要。

煮込み前

完成

焦げ付き

4 ｜ 多層鍋C

煮詰まってしっかりした味わい。少し塩辛い。安価で手に入りやすい鍋のため、疑心暗鬼で試作してみたが、予想を覆すパフォーマンスを発揮。よく熱が伝わり、見事に脱水が進むにもかかわらず、フッ素樹脂加工により焦げ付きもなし。密閉度も高く文句なし。

煮込み前

完成

| **5** | **多層鍋A** | **6** | **銅鍋** |

肉がやわらかく、おいしい。本書で使用している鍋。アルミ合金という、アルミとステンレスの多層構造。特筆すべき特徴はないが、底が厚く、焦げにくい。熱伝導も蓄熱も平均的にレベルが高いため、使いやすい。ふたがガラスなため、調理途中が見えるのも安心。

味が濃厚。メリハリがきいていて、おいしい。一部のプロのシェフしか使わない印象がある超高級鍋。内側は錫（スズ）でメッキ。噂通りのパフォーマンスを発揮。煮立つまでが速く、味が全体に回りやすい。火を止めた後の放熱も速い。心なしか他よりも上出来。

煮込み前

完成

煮込み前

完成

7 | ガラス鍋

玉ねぎのシャキッとした食感が残っている。コク
が足りない。焦げ付いたが焦げ臭を感じるほどで
はない。火が微妙な加減で当たり続けている場所
と肉が鍋底に当たっている場所が焦げやすい。蓄
熱性が高く、やさしく長時間煮込むタイプのハン
ズオフカレー向け。

煮込み前

完成

焦げ付き

8 | 多層鍋B

ソースがシャバッとした感じ。玉ねぎ感も強い。
基本的なプロフィールは多層鍋Cに近いが、全体
的にパワーに欠ける印象。脱水はそれほど多くな
いため、やさしい味わいに。他の鍋より少し油が
分離しているせいか、ホールスパイスの香りを強
く感じやすい。

煮込み前

完成

9 | 鋳鉄鍋

口当たりがさらっとしているのに味は深い。密閉性が極めて高く、カレーの完成時点で、ガラス鍋や多層鍋Bと同程度の量が残っているが、どちらよりも味は上。素材の味わいが活かされている感じがするが、一体感には乏しいか。ハンズオフに適している。

煮込み前

完成

10 | 鋳物ホーロー鍋

汁気が多いがとろみがある。味は軽く、だしのうま味を感じる。熱伝導が低いため、煮立つまでの温度の立ち上がりはゆるやか。一度熱を持つとキープされる。時間を制限した調理の場合、仕上がりに物足りなさは残ってしまう。軽く焦げ付いたが問題なし。

煮込み前

完成

焦げ付き

11 | 土鍋

玉ねぎのとろりとした食感が強い。すっきり感はないが、まろやか。煮立つまでの時間はかなりかかるが、蓄熱性はダントツ。火を止めてだいぶ経過してもずっと温かい。火を止めた後も調理が進むため、火を止めてから時間をおいて熟成感とともに味わいたい。

煮込み前

完成

12 | 圧力鍋

まるでスープのよう。肉は驚くほどやわらかい。圧力鍋はそもそもハンズオフを前提にした構造になっている。密閉して圧力をかけるため、鍋中の水分量がキープされ、他と同量の水では塩気も味も足りなくなる。そこを調整できれば、理想に近い仕上がりに。

煮込み前

完成

あなたのカレーは何グラム？

重さをチェックする

ほとんどの人が意識していないことかもしれませんが、ハンズオフカレーの場合、重さをチェックするというのはかなり大きな意味を持つんです。何グラムの材料が何グラムのカレーになったのか？

僕の基準ですが、1人前を200gに設定しています。4人前で800g以上のカレーができればいい。本書に登場するすべてのカレーは、加熱前と加熱後の重さを表示しています。すべて800g台になるイメージ。

重さ（g）を量るのが面倒だったら、量（mℓ）でも構いません。とはいっても、大きな計量カップにできあがったカレーを移すわけにもいかないから、自分の鍋でどの高さまでできあがれば、何mℓなのか、を把握しておくといいかもしれません。

いずれにしても、重さや量が減った原因は、脱水です。鍋中にあった水分がどの程度、鍋の外に逃げていったのか。簡単に言えば、脱水すればするほど味わいは強まります。深くなるとも言えるし、重くなるとも言えます。

通常のカレーは、火入れのテクニックで差が出るため、重さがモノサシとして機能しにくいんです。たとえば、200gの玉ねぎを炒めて100gになったとしても、100g分脱水するときにどんなふうに炒めたかによって色づきが変わります。専門的な用語でいえば、メイラード反応によるうま味や香味の出方が変わってしまう。だから、「技術を磨いてくださいね」ということになる。

カレーを作って訓練

		鍋の重さ	材料	煮る 中火30分	煮詰める 強火5分	備考
1	ステンレス鍋	908g	1,000g	627g	—	焦げ付きあり
2	アルミ鍋	901g	1,000g	704g	557g	
3	ホーロー鍋	1,110g	1,000g	712g	—	焦げ付きあり
4	多層鍋C	533g	1,000g	713g	583g	
5	多層鍋A	780g	1,000g	753g	627g	
6	銅鍋	1,187g	1,000g	758g	613g	
7	ガラス鍋	1,306g	1,000g	793g	—	焦げ付きあり
8	多層鍋B	423g	1,000g	794g	543g	
9	鋳鉄鍋	1,563g	1,000g	800g	644g	
10	鋳物ホーロー鍋	2,140g	1,000g	810g	657g	焦げ付きあり
11	土鍋	1,471g	1,000g	858g	758g	
12	圧力鍋	1,750g	1,000g	915g	—	沸とう後圧力5分

でも、ハンズオフカレーはいいですね。冒頭にも言いましたが、僕が作っても小学生が作っても同じ味。テクニックが不要な分、ほとんどが鍋と熱源に委ねられる。だから、重さがものを言うんです。

あなたの鍋でトレーニングカレーを作ってみて、重さはいかがでしたか？
結果に応じてチューニングをできるようにしましょう。

仕上がり＝750g前後だった場合 … ほぼレシピ通りで大丈夫

仕上がり＝750gより減った場合 … 水の量を増やすか火加減を弱めにする

仕上がり＝焦げてしまった場合 … 水の量を増やすか火加減を弱めにする

仕上がり＝750gより増えた場合 … 水の量を減らすか火加減を強めにする

料理ってきっと環境や道具に適応する形で生まれたんだと思います。たとえば土鍋と炭火しかなかった時代に、とあるおいしいカレーが生み出され、それがレシピ化された。そのうち、さまざまな鍋や熱源が生み出され、別の手法が可能になった。アルミ鍋にフッ素樹脂のコーティングがされ、ふたがついて、火加減は強くしたり弱くしたり自由に調整できるようになると、料理の手法が変わってくるんです。

仕上がりをイメージしてから、そこへたど

り着く最適な手法が考えられ、それを実現するために道具を選べる時代になったということなのかもしれません。

だからね、いつも使っている鍋でいいんですよ。ハンズオフカレーでは、カレーの原点に戻りましょう。自分の鍋で自分の熱源で、どんなふうに食材が変身するのかと向き合いながら作る。ほったらかしで自由なんですから、そんな楽しみがあってもいいと思います。

　小さい秋を見つけたときのように、僕はひそかに喜んだ。これは大変なことになるかもしれないぞ、と静かに興奮し、試作に励んだ。ハンズオフカレーを発見したときの僕はそんな風だった。おいしいカレーが作れることを確認したら、すぐに話したくなったのだ。「ねえねえ、知ってる？」という具合に。高揚感は冷静さを遠ざける。きっと日本中であの人もこの人も同じように小さい秋を見つけているのだけれど、そんなことは気にもとめない。僕が見つけたその秋に僕自身が嬉しくなって、身近な誰かにそっと伝えて共有したくなる。

　ハンズオフカレーという手法は僕がゼロから発見したみたいな気持ちになっているけれど、実際にはすでに存在する。秋はとっくに訪れていたのだ。

　数年前にスリランカで家庭料理を教えてもらったとき、お母さんは土鍋に材料を次々と入れてふたをした。ほどなくしておいしいカレーができあがった。すました顔をして、それがまるで代々伝わる手法であるかのような手際のよさだった。あの体験を思い出し、案内してくれた

濱田くんに連絡した。彼は、神戸で人気のスリランカ料理店『カラピンチャ』のオーナーシェフをやっている。今からちょうど1年前のやりとりがそのまま残っていた。興奮を抑えて平静を装ったあのときの自分がいる。

「材料を土鍋に全部入れて火にかけるだけって手法、スリランカでは一般的なの?」

「家庭料理においてとてもポピュラーな手法です。ご一緒したマータラのジャヤさん宅でも、カレーと言える汁気ある料理は、ほぼこの手法で仕上げてしまいます。スリランカの食の歴史においては、近代的な手法と言えると思います」

「あの調理法に新しいネーミングをして、レシピを開発していきたいな、と思って」

「おもしろそう! めっちゃいいと思います。ぜひ僕も参加させてください。ちなみに『カラピンチャ』でも魚系や野菜系のカレーはこの手法使うことが多いです。僕のレシピをまとめておきます!」

ほらね、小さい秋がここにもあった。

修業時代のまかないカレーがハンズオフだった、と教えてくれたのは、初台で『たんどーる』を営む塚本シェフだ。寸胴鍋に鶏肉とスパイスといくつかの野菜を放り込んで煮ただけ。店では「シェフのまかないカレー」というレシピ付きスパイスセットをすでに販売していた。小さい春、見つけた。

インド・ビハール州には、"チャンパラン・マトン"という料理がある。土鍋に材料をすべて入れて混ぜ合わせ、密閉して弱火で長時間煮込むだけ。そういえば、ジャマイカで取材した"カリーゴート"もほとんど同じ手法で圧力鍋を使って煮込んでいた。小さい夏も見つかっちゃった? ハンズオフカレーは世界のあちこちにまだありそうだ。じゃあ、小さい冬を探してみようか。春夏秋冬が集まったら、いよいよハンズオフカレープロジェクトの始まりだ。

COLUMN 4

Hands off, 仲間になったのは誰?

本書に登場するハンズオフカレー一覧

	内容	ページ	具	レシピ名	スパイスミックス
基本	順に重ねて煮る	010	鶏肉	基本のチキンカレー	スタンダード [S]
		026	牛肉	基本のビーフカレー	ノスタルジック [N]
		029	豚挽き肉	基本のキーマカレー	ロジカル [L]
		032	野菜	基本のベジタブルカレー	オーディナリー [O]
		035	魚介	基本のフィッシュカレー	オーディナリー [O]
		038	豆	基本の豆カレー	スタンダード [S]
応用A	すべてをよく混ぜ合わせる	088	鶏肉	バターチキンカレー	ドラマチック [D]
		090	鶏肉	チキンカレーリッチ	アブノーマル [A]
		092	豚肉	甘酸っぱ辛いポークカレー	フューチャリスティック [F]
		094	羊肉	ジャマイカンラムカレー	パーマネント [P]
応用B	強火で煮立ててからふたをする	096	鶏肉	エスニックチキンカレー	オーディナリー [O]
		098	魚介	鮭のアチャーリーカレー	エモーショナル [E]
		100	野菜・鶏肉	野菜のタジン風カレー	ノスタルジック [N]
		102	豆・牛挽き肉	レンズ豆のホットカレー	フューチャリスティック [F]
応用C	ふたをして蒸し焼きにし、加水する	104	鶏肉	スリランカンチキンカレー	コンテンポラリー [C]
		106	魚介・豚肉・野菜	あさりと豚肉のカレー	スタンダード [S]
		108	野菜・牛肉	まいたけの赤ワインカレー	ロジカル [L]
応用D	後半にふたを開けて煮詰める	110	鶏肉	グズグズチキンカレー	ノスタルジック [N]
		112	鶏、豚挽き肉・豆	ドライビーンキーマカレー	パーマネント [P]
		114	牛肉	ペッパービーフカレー	アブノーマル [A]
応用E	仕上げに野菜やハーブを混ぜる	116	豆	キドニー豆のクリーミーカレー	エモーショナル [E]
		118	野菜	7種の野菜カレー	コンテンポラリー [C]
		120	豚肉・野菜	野菜の赤いポトフカレー	ドラマチック [D]
応用F	玉ねぎ炒めだけがんばる	122	鶏肉	無水ローストチキンカレー	ロジカル [L]
		124	魚介	イエローフィッシュカレー	ノスタルジック [N]
		126	野菜	カリフラワーのバジルカレー	フューチャリスティック [F]
応用G	複数パターンを組み合わせる	128	鶏肉	チキンスープカレー（B×E）	ロジカル [L]
		130	羊肉	骨付きマトンのカレー（A×F）	スタンダード [S]
		132	野菜・魚介	ポテトとオクラのカレー（C×D）	パーマネント [P]
応用H	最後に米をのせて炊く	134	鶏肉	チキンビリヤニ	スタンダード [S]
		136	羊肉	マトンビリヤニ	アブノーマル [A]

ハーブ	スープ	マリネ	隠し味	煮込み前	煮込み後
パクチー	×	×	—	1,100g	840g
—	×	×	しょう油・アーモンド	1,280g	861g
ミント	×	×	—	1,185g	880g
カスリメティ	×	×	—	1,078g	842g
こぶみかん / レモングラス	×	×	ナンプラー / マーマレード	942g	898g
パクチー	×	×	フライドオニオン	1,113g	896g
カスリメティ	×	○	—	1,070g	840g
カレーリーフ	×	○	—	1,130g	893g
—	×	○	砂糖	1,005g	863g
タイム	×	○	チリソース	1,085g	891g
カレーリーフ	×	×	ナンプラー	1,135g	861g
—	×	×	ミックスアチャール	1,000g	840g
パセリ	○	○	フライドオニオン	1,210g	860g
—	×	×	—	1,000g	881g
カレーリーフ / パンダンリーフ	○	×	—	1,015g	936g
パクチー	×	×	アンチョビ	1,116g	892g
タイム	○	×	フライドオニオン	1,102g	852g
—	×	×	しょう油	1,145g	804g
—	×	×	ココナッツファイン	1,137g	851g
バジル	×	×	—	1,340g	746g
カスリメティ	×	×	—	940g	846g
—	○	×	フライドオニオン	1,179g	908g
ディル	○	×	砂糖	1,116g	852g
—	×	○	—	1,184g	883g
こぶみかんの葉	×	○	ナンプラー / 砂糖	1,007g	829g
ローズマリー	○	×	—	982g	867g
ドライバジル	○	×	ナンプラー / 砂糖	1,539g	1,222g
—	×	×	—	1,366g	810g
—	○	×	—	1,060g	770g
パクチー / ミント	×	×	フライドオニオン	937g→780g→1,680g→1,394g	
パクチー / ミント	×	○	フライドオニオン	867g→1,440g→1,414g	

おわりに

Hands up, 木べらを持つのは誰？

　さあ、いよいよ、投票のときがやってきました。手を動かしてゴールデンルールで作るカレーと手を触れずにハンズオフで作るカレー、どちらのカレーが好みでしたか？ 10名のみなさん、それぞれ好きな方に手を挙げてくださいね。（ドキドキ）

「ゴールデンルールカレーの方がおいしかったという人は？」……2名
「ハンズオフカレーの方がおいしかったという人は？」……8名

　おお、そうですか、こんなに差が出ますか。正直言って、複雑な気持ちです。僕は、長年、ゴールデンルールで作るカレーに自信を持っていた。それがハンズオフカレーに大差で負けることがあるなんて。僕の20年を返してほしい。（苦笑）
　最近、この手の軽くて深い味わいが求められている気がします。キラキラした目で「ハンズオフカレーの方が好きです！」とか言われちゃうと嬉しいような悲しいような。ただ、ひとつ言えるのは、ハンズオフカレーってなかなかやるねぇ！ と僕は思っているんです。だから、みなさんもオリジナルのハンズオフカレーに挑戦してみるといいんじゃないでしょうか。一方で、僕は今でもゴールデンルールで作るカレーはおいしいと思っています。たとえ、そう思う人がこの世で僕だけになったとしても。

　イタリアの科学者、ガリレオ・ガリレイはこう言ったそうです。
「それでも（地球は）動く」
　日本のスパイス探求者、水野仁輔はこういう気持ちでもいます。
「それでも（玉ねぎは）炒める」

ハンズオフカレーという方法を手にしたことは心強いと思います。触らなくてもできるし、触りたくなったら触ればいい。ただし、「おいしい！」と言ってくれた人に「どうやって作ったんですか？」と聞かれてもこの手法のことは秘密にしておきましょう。間違っても「鍋に材料を入れてさ、火にかけるだけなんだよ」なんて得意げに言ってはいけません。
「なあんだ、あなたががんばってくれたわけじゃないのね」
　食べる人はあなたの努力を「おいしさ」というモノサシで測っていることをお忘れなく。
　では、楽しいカレーライフを。

2021年　春　水野仁輔

MIZUNO JINSUKE

水野仁輔　みずの・じんすけ

AIR SPICE代表。1999年以来、カレー専門の出張料理人として全国各地で活動。『カレーの教科書』(NHK出版)、『スパイスカレーを作る』『いちばんやさしい スパイスの教科書』(ともにパイ インターナショナル) などカレーに関する著書は50冊以上。世界を旅するフィールドワークを通じて、「カレーとは何か?」を探求し続けている。本格カレーのレシピつきスパイスセットを定期頒布するサービス「AIR SPICE」を運営中。
http://www.airspice.jp/

スパイスカレー新手法
入れて煮るだけ! ハンズオフカレー入門

2021年5月13日　初版第1刷発行

著者：水野仁輔

アートディレクション：細山田光宣
デザイン：松本 歩 (細山田デザイン事務所)
撮影：今清水隆宏
イラスト：オガワナホ
DTP：石川真澄
校正：株式会社 鷗来堂
制作協力：UTUWA
編集：長谷川卓美

発行人：三芳寛要
発行元：株式会社パイ インターナショナル
　　　　〒170-0005 東京都豊島区南大塚2-32-4
　　　　TEL：03-3944-3981　FAX：03-5395-4830
　　　　sales@pie.co.jp

印刷・製本：株式会社廣済堂

©2020 Jinsuke Mizuno / PIE International
ISBN978-4-7562-5448-1 C0077
Printed in Japan